de werde **Richinza** · de flochberc **Adelheit** · **Odilia** · de loofe **Inkart** · de melles hei **Hedewic**

Berlint · de murche **Agnel** · de louben **Adelheit** · **Offemia** · de knoringen **Mæthilt**

Anna · **Vtcha** · de emmendorf **Hedewic** · **Clementia** · **Herrat**

de kreienhei **Gerdrut** · de niphe **Adelheit Mehtilt**

Dorothea Keuler

BEHERZTE SCHWESTERN

Silberburg·Verlag

www.silberburg.de

BEHERZTE SCHWESTERN

DOROTHEA KEULER

SÜDWESTDEUTSCHE KLOSTERFRAUEN AUS SECHS JAHRHUNDERTEN

Zur Erinnerung an meinen Vater Otto Keuler, der sich über dieses Buch gewundert und vielleicht auch gefreut hätte.

Die Autorin:
Dorothea Keuler, geboren 1951 in Kirchheim/ Teck, hat Erziehungswissenschaft, Germanistik und Anglistik studiert und als Verlagslektorin gearbeitet. Sie lebt als freie Autorin in Tübingen, schreibt Bücher, Hörspiele, Radiofeatures und journalistische Beiträge.

1. Auflage 2016

© 2016 by Silberburg-Verlag GmbH, Schönbuchstraße 48, D-72074 Tübingen. Alle Rechte vorbehalten. Umschlaggestaltung: Christoph Wöhler. Druck: Gulde-Druck, Tübingen. Printed in Germany.

ISBN 978-3-8425-1499-7

Besuchen Sie uns im Internet und entdecken Sie die Vielfalt unseres Verlagsprogramms: **www.silberburg.de**

Ihre Meinung ist wichtig ...

... für unsere Verlagsarbeit. Wir freuen uns auf Kritik und Anregungen unter:

www.silberburg.de/Meinung

Inhalt

Es ist eine fremde, faszinierende Welt

Sie hat mich schon als Kind in ihren Bann gezogen: die Welt der Klosterfrauen. Einen Hauch dieser Faszination habe ich später noch bei Kloster-Auszeiten gespürt. Noch faszinierender – und exotischer – finde ich das klösterliche Leben der Vergangenheit. Da steigt Christus vom Kreuz und umarmt eine vor ihm kniende Nonne. Schwestern scheinen jahrelang ohne Nahrung auszukommen. Mystikerinnen geraten in Ekstase, während ihre Seele sich mit Gott vereinigt. Wunder sind Wirklichkeit. Wie kann das zugehen?

Es wurde aber nicht nur gebetet, gesungen und jubiliert. Für Frauen bot das Kloster über viele Jahrhunderte die einzige Möglichkeit, Bildung zu erlangen oder Macht auszuüben. Und seit es Klöster gab, standen sie im Spannungsverhältnis zwischen andächtiger Versenkung und Verweltlichung. Das sorgte für Konfliktstoff. Auch die Krisen und Katastrophen der »Welt draußen« brachten Unruhe ins kontemplative, das heißt beschauliche Klosterleben. Allezeit beeindruckend ist die Frömmigkeit der Ordensfrauen, ihr Vertrauen auf den Gott, dem sie ihr Leben weihten, aber auch der Zusammenhalt der Schwestern und ihr Mut in schweren Zeiten. Doch es hat auch den einen oder anderen Konvent gegeben, in dem es gewaltig menschelte.

Die hier versammelten Lebensgeschichten handeln nicht von den »üblichen Verdächtigen« (den berühmten Klostergründerinnen, Visionärinnen und Heiligen), sondern von geistlichen Frauen aus unserer Region, dem heutigen Südwestdeutschland mit seiner langen, reichen Klostertradition. Sie erzählen von Beginen, Nonnen, Chorfrauen, Schwestern und Stiftsdamen aus sechs Jahrhunderten, vom Mittelalter bis zur Klosteraufhebung im frühen 19. Jahrhundert. Und sie sind typisch für ihre Zeit:

für die »religiöse Frauenbewegung« des Mittelalters, das Beginentum, die Mystik, die geistlichen Erneuerungsbewegungen in der frühen Neuzeit, die Religionskämpfe im Gefolge der Reformation und für die Jahre im Vorfeld der Aufklärung.

Mir lag daran, das Handeln und Erleben dieser Frauen aus dem Geist ihrer Zeit zu verstehen und zu würdigen. Und ich will gar nicht leugnen, dass es mir vor allem tapfere, beherzte Frauen angetan haben. Frauen, die sich in der Not zu helfen wussten. Frauen, die den Mund aufmachten oder zur Feder griffen. Sie schrieben, weil sie sich als Sprachrohr Gottes fühlten. Um ihren Glauben zu verteidigen. Aus Protest. Oder um denkwürdige Begebenheiten für die Nachwelt zu bewahren. Auf ihren Aufzeichnungen basiert ein Großteil der hier versammelten Geschichten:

Nach einer lieblosen Kindheit und einer widrigen Ehe nimmt die adlige *Gertrud von Ortenberg* (ca. 1275–1335) ihr Leben selbst in die Hand. Sie zieht nach Offenburg in ein Beginenhaus, versorgt Arme, pflegt Kranke, betreut Kinder und widmet sich der Seelsorge. Inspiriert von der Lehre des Mystikers Meister Eckhart erfährt sie in der *unio mystica* die ekstatische Vereinigung mit Gott. Sie zieht mit ihrer Weggefährtin Heilke von Staufenberg, die vor der drohenden Verheiratung aus ihrem Elternhaus geflohen ist, in die Bischofstadt Straßburg und bleibt dort trotz der einsetzenden Beginenverfolgung zehn Jahre lang, ehe sie im Alter nach Offenburg zurückkehrt.

Im Dominikanerinnenkloster Maria Medingen bei Dillingen an der Donau werden der Patriziertochter *Margareta Ebner* (1291–1351) göttliche Offenbarungen zuteil. Die Wonnen der Christusminne erlebt sie körperlich. Der Erlöser begegnet ihr als zärtliches Jesuskind und als liebender Bräutigam. Aus ihren Aufzeichnungen wird deutlich, wie nahe religiöses und erotisches Erleben beieinanderliegen.

Schon früh erkennt der Waldseer Pfarrer Konrad Kügelin die spirituelle Begabung seines Beichtkindes *Elsbeth Achler* (1386–1420) und baut die junge Frau systematisch zur Hei-

Gegenüber-
liegende Seite:
Nonnen schrie-
ben – die Lebens-
geschichten ihrer
Mitschwestern,
Schilderungen ei-
gener Visionen und
Offenbarungen,
Andachtsbücher,
Klosterchroniken.
Diese Miniatur
zeigt Elisabeth
Stagel, die das
Schwesternbuch
des Klosters Töss
mitverfasste, bei
der Arbeit.

ligen auf. Für sie gründet er eine kleine, abgeschiedene Klause in Reute. Während im nahen Konstanz das Konzil tagt, lebt Elsbeth in aller Stille das Leiden Christi in ihrem Alltag nach. Viele Jahre kommt sie ohne Nahrung aus, was für ihre Zeitgenossen ein untrügliches Zeichen von Heiligkeit ist. Zwar sehen ihre Mitschwestern sie heimlich essen, aber das gilt als Blendwerk des Teufels. 1766 wird sie selig gesprochen, und noch heute wird die Gute Beth von Reute als Patronin Oberschwabens verehrt.

Im 15. Jahrhundert erreicht die Observanzbewegung, der es um die Wiederherstellung der strengen Ordensregeln geht, den deutschen Südwesten. Nicht alle Konvente öffnen sich dem neuen Geist. Die Geschichte des Dominikanerinnenklosters in Kirchheim unter Teck zeigt, welche Formen der Kampf um die Klosterdisziplin annehmen und wie er sich mit politischen Streitigkeiten verquicken konnte. In ihrer Chronik schildert *Magdalena Kremer*, wie Graf Eberhard der Jüngere in den Jahren 1487/88 das Kloster belagern lässt und die Nonnen um ihr Leben fürchten müssen.

Die Reformation spaltet die Christenheit in Katholiken und Protestanten. In der Folge werden zahlreiche Klöster aufgelöst. Doch viele kämpfen hartnäckig um ihren Fortbestand. So auch die Pforzheimer Dominikanerinnen. *Eva Magdalena Neyler* (gestorben 1575) berichtet von unausgesetzten Übergriffen gegen die Ordensschwestern. Acht Jahre lang, zwischen 1556 und 1564, trotzen die Schwestern den Schikanen der protestantischen Kirchenmänner.

Als reichsunmittelbare Fürstin übt die Äbtissin des adligen Damenstifts Buchau auch die weltliche Macht in ihrem Territorium aus. *Katharina von Spaur* (1580–1650), eine streitbare Vertreterin ihres Standes, macht sich unbeliebt wegen ihres durchgreifenden Führungsstils und ihres resoluten Auftretens gegen den Adel, den Bischof und den Kaiser. Während des Dreißigjährigen Krieges nimmt sie kämpferisch die Interessen des Stifts wahr.

Während die Buchauer Fürstäbtissin versucht, ihr Stift durch politische Manöver zu schützen, erleben die Villinger Klarissen die Schrecken des Krieges hautnah und nahezu wehrlos. Man hört die Kugeln pfeifen, wenn man die Kriegschronik der *Juliane Ernst* (1589–1665) liest. Dreimal wird die Stadt in den 1630er-Jahren von den Schweden belagert und angegriffen. Aber auch Hunger und Seuchen bringen Gefahr. Ein Leben in Klausur ist unter diesen Umständen nicht mehr aufrechtzuerhalten.

Im Jahr 1756 schreibt *Maria Monika Hafner* (1699–1771) einen geharnischten Beschwerdebrief an den Visitator, das heißt den Aufseher und Berater des Klosters. Akribisch geht sie mit den Neuerungen im Augustinerchorfrauenstift zu Inzigkofen ins Gericht. In den Klagen der altgedienten Nonne spiegelt sich ein Generationenkonflikt, der sich in sehr unterschiedlichen Vorstellungen von der rechten Frömmigkeit äußert. Und sie werfen ein farbiges Licht auf den Klosteralltag zur Zeit des Spätbarocks.

Im Zuge der Aufklärung gerät das Ordenswesen in die Kritik. Zwar sind bei weitem nicht alle Nonnen gegen ihren Willen ins Kloster abgeschoben worden, wie die Literatur der Epoche glauben macht, aber solche Frauen gibt es schon. Zum Beispiel die Rottenburgerin *Maria Anna Beck* (geboren 1735). Mit 15 Jahren wird sie gegen ihren Willen ins Kloster gesteckt und gibt fortan reichlich Grund zu Beschwerden. Sie hält sich nicht an die Regeln, kommt wegen Männerbekanntschaften ins Gerede, hat ein jahrelanges Liebesverhältnis mit einem Geistlichen, von dem sie schließlich schwanger wird.

Die Herrschaft Napoleons über Europa bringt das vorläufige Ende der Klöster. Um die deutschen Fürsten für den Verlust ihrer linksrheinischen Gebiete zu entschädigen, die die französische Armee erobert hat, werden 1803 die Klöster säkularisiert: Ihr Grundbesitz und ihr Vermögen werden enteignet und gehen an die neuen, weltlichen Herren. Für die betroffenen Klosterfrauen bedeutet das eine kaum vorstellbare Entwurzelung.

Ich danke allen, die mich beim Schreiben meines Buches unterstützt haben. Ganz besonders danke ich Dr. Ute Ströbele. Ihr inspirierender Vortrag beim Symposium des Sülchgauer Altertumsvereins im November 2013 war die Initialzündung zu diesem Buch. Die Lektüre von Adolf Kleks lesenswerten Büchern zur Geschichte des Klosters Kirchberg hat mich in meinem Vorhaben bestärkt. Die Ausstellung des Diözesanmuseums Rottenburg über religiöses Spielzeug (2014) machte mir eindrucksvoll bewusst, wie tief die Religion das Fühlen und Denken der Menschen prägte. Die Ausstellung »Mystik am Bodensee« in Überlingen im Sommer 2015 führte mir die Vielfalt mystischer Erscheinungsformen vor Augen. Viele Anregungen und interessante Kontakte verdanke ich der Tagung der AGFEM (Arbeitsgruppe geistliche Frauen im europäischen Mittelalter) im März 2015 in Weingarten. Ganz besonders danke ich der Kirchenhistorikerin

Dr. des. Stefanie Neidhardt (früher: Handschuh), die mir ihre Zulassungsarbeit über die Dominikanerin Magdalena Kremer zur Verfügung gestellt und alle meine Fragen geduldig beantwortet hat. Weiterhin danke ich Dr. Balázs J. Nemes und Angelica Hilsebein M. A. für wertvolle Literaturhinweise. Dank auch an Pia Fruth, durch deren SWR-Sendung über den Dreißigjährigen Krieg im deutschen Südwesten ich auf die Villinger Klarisse Juliane Ernst aufmerksam wurde, und an Dr. Edith Boewe-Koob, die das Archiv des Villinger Bickenklosters betreut und mir mit Auskünften weitergeholfen hat. Karl-Heinz Bokeloh danke ich herzlich fürs Übersetzen lateinischer Schriftstücke. Prof. Dr. Werner Williams-Krapp, Prof. Dr. Maria Magdalena Rückert, Dr. Bernhard Theil, Dr. Edwin Ernst Weber, Peter Ehrmann vom Stadtarchiv Rottenburg und Prof. Dr. Lioba Keller-Drescher haben mir bereitwillig mit Informationen weitergeholfen, auch ihnen ein sehr herzliches Dankeschön! Dankbar bin ich, wie immer, den Mitarbeiterinnen und Mitarbeitern der Universitätsbibliothek Tübingen und denen des Silberburg-Verlags. Ganz besonders danke ich meinem Lektor Torsten Schöll. Und meinem Mann Walter Neidhart-Keuler werde ich nie vergessen, dass er mich während der Hundstage des Sommers 2015 unverdrossen auf einer Bodenseeklösterbesichtigungstour begleitet hat.

Dorothea Keuler

PS: Dieses Buch ist kein Kloster- oder Ordenslexikon und will es auch nicht sein. Wer sich für die Geschichte einzelner Klöster interessiert, findet im Online-Nachschlagewerk des Landesarchivs Baden-Württemberg gute und reichhaltige Informationen (www.kloester-bw.de) oder kann das »Württembergische Klosterbuch« (siehe Literaturverzeichnis) zu Rate ziehen. Wer sich eingehender mit der Geschichte der verschiedenen Orden beschäftigen möchte, sei auf Sabine Buttingers Buch »Mit Kreuz und Kutte: Die Geschichte der christlichen Orden« hingewiesen.

Zur Einführung:
Kleine Frauen-Klöster-Geschichte

DIE ANFÄNGE

Am Anfang der Geschichte der Frauenklöster im heutigen Südwestdeutschland steht eine blutige Legende: Drei adlige Brüder entführten ihre Schwester aus dem Stift Buchau, das ihre Mutter gerade »in frommem Eifer zu Ehren der heiligen Märtyrer Cornelius und Cyprian erbaut hatte«, wie Hermann der Lahme, der berühmte Gelehrte aus der Benediktinerabtei Reichenau, über die Ereignisse des Jahres 902 berichtet. Die Brüder wollten ihre Schwester verheiraten. Die Schwester wird nicht gefragt worden sein, sie hatte sich der Familienstrategie zu beugen. Doch zu einer Hochzeit kam es nicht. Alle drei Entführer wurden von einer rivalisierenden Adelssippe erschlagen. Die trauernde Mutter begrub ihre Söhne in Buchau, begab sich auf Wallfahrt ins Heilige Land und setzte zuvor die ins Kloster zurückgekehrte Tochter als Äbtissin ein. Deren Aufgabe war es nun, mit Fürbitten und Gebeten für das Seelenheil ihrer ermordeten Brüder zu sorgen, die Gräber zu hüten und das Totengedächtnis wachzuhalten.

Heute weiß man, dass Stift Buchau schon früher, nämlich bereits zur Zeit von Karl dem Großen, gegründet wurde, wie auch drei weitere Frauenklöster im Bodenseeraum: Lindau, Schänis im heutigen Kanton St. Gallen und Fraumünster in Zürich. Nur das schon im 6. Jahrhundert entstandene Damenstift St. Fridolin in Säckingen war noch älter. Die wilde, wenngleich historisch nicht haltbare Gründungslegende von Stift Buchau bezeugt aber die enge Verzahnung von Frömmigkeit und Machtstreben. Klöster waren nicht nur Stätten des Gebets, sondern auch Mittel der Politik, gegründet zur Sicherung von Landbesitz und zur Versorgung von Familienangehörigen, die dort dann

wichtige Ämter wahrnahmen, womit sich die Stifterfamilie den Einfluss auf »ihr« Kloster sicherte. Bis weit ins Mittelalter hinein war das Kloster eine Lebensform für den Adel, denn eine *vita contemplativa,* ein Leben, das dem Gebet und der frommen Betrachtung geweiht war, musste man sich leisten können. *Nonna* war ursprünglich eine Anrede für Edelfrauen. (Heute bezeichnet »Nonne« in kirchenrechtlicher Terminologie eine kontemplativ lebende, klausurierte Ordensfrau, während im allgemeinen Sprachgebrauch mit »Nonnen« Ordensfrauen überhaupt gemeint sind.)

Karl der Große und seine Gemahlin Hildegard stiften das Kloster Kempten. Aus der Kemptener Klosterchronik von 1499.

Gegründet wurden Klöster von Bischöfen, von Königen und von Adligen. Oder von deren Ehefrauen und Schwestern. Die Stifter(innen) stellten Vermögen in Gestalt von Bauland, Gutsbesitz, Höfen, Fischgewässern, Weinbergen und Dörfern zur Verfügung, von deren Erträgen der Konvent lebte. Das Kloster wiederum diente der Stifterfamilie als Grablege und als Ort ihres Totengedenkens. Für Frauen war das Leben im Kloster nahezu die einzige Möglichkeit, Bildung zu erlangen und – innerhalb der Klosterhierarchie – Karriere zu machen. Anders als Ehefrauen unterstanden sie nicht der Gewalt eines Mannes – was man durchaus wörtlich nehmen kann. Und auch den häufig vorkommenden Tod im Kindbett mussten sie nicht fürchten. Wie beneidenswert sich das Klosterdasein den Frauen aus dem Volk darstellte, beweist ein Bericht aus der Zeit des Bauernkrieges: Im Kloster Heggbach hätten die Bäuerinnen den Nonnen einen Rollentausch angedroht. Sie wollten das Kloster stürmen und den Nonnen die Augen auskratzen und selbst deren »hübsche Pelzlein« tragen. Die Nonnen aber müssten hinaus und Kühe melken. Man würde sie in den Bauernhaufen treiben und ihnen die Kleider über dem Kopf zusammenbinden, und sie müssten Kinder gebären und Weh erdulden wie die Bäuerinnen auch …

KLOSTERLEBEN

Ursprünglich zog der Wunsch, in Gemeinschaft mit Gleichgesinnten Gott nahe zu sein, die Menschen in die Klöster. Männer wie Frauen. Denn bei fast allen Ordensgründungen folgte dem Männerorden, der als »erster Orden« bezeichnet wird, alsbald der »zweite Orden« für die Frauen nach. 529 legte Benedikt von Nursia, der »Vater des Mönchtums«, die nach ihm benannte Regel nieder, die im 9. Jahrhundert bindend für alle Klöster wurde. Durch ein Gelöbnis band man sich auf Lebenszeit an den Orden und verpflichtete sich zu Armut, Keuschheit und Gehorsam. Durch Demut und Verzicht auf alle weltlichen Genüsse strebten die Ordensleute nach spiritueller Läuterung.

Der Eintritt in ein Kloster bedeutete den Abschied von der Welt, und zwar für immer. Dicke Mauern schlossen die Ordensleute von der Außenwelt ab. Die »Klausur«, das Leben in einem abgetrennten Bereich, zu dem Besucher keinen Zutritt hatten, wurde bei Nonnen strenger gehandhabt als bei Mönchen. Bis auf seltene Besuche von Angehörigen, mit denen sich die Klosterfrauen durch ein Sprechgitter verständigten, blieb die Welt mit ihren Lockungen und Versuchungen, Sorgen und Nöten draußen. Nichts sollte die Nonnen von ihrer Hingabe an Gott ablenken. Nur der Beichtiger, also der Beichtvater, und der Klostervisitator, der den Konvent im Auftrag der Ordensleitung oder des zuständigen Bischofs beriet, aber auch überprüfte, durften die Klausur betreten. Verlassen durften die Nonnen sie nur in Ausnahmefällen, mit Genehmigung der Ordensoberen.

Bis weit in den Sommer hinein war es kalt in diesen Festungen der Frömmigkeit. Fasten- und strenge Schweigegebote sowie Bußübungen und Selbstgeißelungen (man

nannte sie »Disziplin«) dienten zur Abtötung des Leibes, so dass sich die Seele ganz auf Gott konzentrieren konnte. Für den Lebensunterhalt war gesorgt, persönlicher Besitz durch das Armutsgelübde ausgeschlossen. Nichts zählte außer Gott und seiner Gnade. Dem Gebet einer »Braut Gottes« schrieb man besondere Kraft zu. Für die Familie war es eine Ehre, eine Tochter oder Schwester in einem angesehenen Konvent unterzubringen. Die Nonnen konnten meist lesen und schreiben und etwas Latein. Die grobe Arbeit in Haus- und Landwirtschaft besorgten Laienschwestern und Mägde, die aus dem Volk stammten. Eine Arbeitsteilung, wie sie dem Ständedenken der mittelalterlichen Gesellschaft entsprach.

Doch auch der Dienst der Chorfrauen war hart. Ihnen oblag es, die Stundengebete zu zelebrieren: Psalmen und Gebete, Hymen und Lesungen, die in einem festgelegten Turnus dem Kirchenjahr und den Heili-

Der Eintritt ins Kloster bedeutete eine radikale Abkehr von der Welt, symbolisiert durch die Ordenstracht, das Opfer der Haare und, seit der frühen Neuzeit, einen Ordensnamen. Miniatur aus einer liturgischen Handschrift, Zisterzienserinnenabtei St. Marienstern, um 1519.

genfesten folgen – acht Mal, tagsüber und nachts, mehrere Stunden insgesamt, dazwischen private Gebete und Arbeit. Jahraus, jahrein gab es keine Nacht, in der die Schwestern länger als ein paar Stunden schlafen konnten. Die Chorgebete begannen gegen zwei Uhr mit dem Nachtgottesdienst, der Mette (auch »Matutin« oder »Vigilien« genannt), die bis zu zwei Stunden dauern konnte. Dann folgte bei Tagesanbruch das Morgenlob, die Laudes, als Nächstes die Prim. Dazwischen war Zeit zum Waschen, Lesen oder Singen. Nach der Prim wurde gefrühstückt. Danach versammelte sich der Konvent im Kapitelsaal zur geistlichen Lesung und zum Totengebet. Die Schwestern bekannten begangene Verfehlungen, die Äbtissin erlegte ihnen Bußen auf, anstehende Arbeiten wurden verteilt, Probleme des Konvents besprochen. Darauf folgte die morgendliche Arbeit, die von der Terz gegen neun Uhr vormittags unterbrochen wurde, sodann um die Mittagszeit die Sext. Bei Tisch wurde aus Andachtsbüchern vorgelesen. Bis zur Non um drei Uhr

nachmittags herrschte Mittagsruhe, dann wurde wieder gearbeitet bis zur Vesper. Diese war so angesetzt, dass das anschließende (nach ihr benannte) Abendessen noch bei Tageslicht eingenommen werden konnte. Die Komplet und die darauf folgende Gewissenserforschung schlossen den Tag ab. Den ganzen Tag, mit Ausnahme kurzer Rekreationszeiten, herrschte strenges Schweigegebot.

Geleitet wurde ein Kloster von einer Äbtissin, Pröpstin oder Mutter. Sie wurde vom Konvent gewählt, ihre Wahl musste vom zuständigen Bischof abgesegnet werden. Für die inneren Angelegenheiten des Konvents war die Priorin zuständig. Die Schaffnerin führte die Wirtschaft des Klosters. Der Kellerin unterstand der Klosterkeller und die Vorräte, sie sorgte auch für die Beschaffung der Lebensmittel. Die Küchenmeisterin leitete die Klosterküche. Die Gewandmeisterin kümmerte sich um Anfertigung, Ausbesserung, Säu-

Klosterämter (v. li.): die Küsterin, die Novizenmeisterin und die Chorleiterin. Miniaturen aus dem »Amptbuch« des dominikanischen Ordensreformers Johannes Meyer (1422–1482).

berung und Aufbewahrung der Kleidung. Der Krankenwärterin oder Siechenmeisterin oblag die Pflege der erkrankten Schwestern. Die Apothekerin stellte Arzneien her, mit denen oft auch die umliegende Bevölkerung versorgt wurde. Der Büchermeisterin unterstand die Bibliothek, das heißt die Verwaltung des Bücherbesitzes, die Buchbeschaffung, die Abwicklung von Schreibaufträgen. Der Küsterin fiel die Aufsicht über die Kirche zu; sie verwahrte die kostbaren liturgischen Geräte, verwaltete die Opfergaben und besorgte die Ausschmückung der Kirche. Die Chorregentin war für die musikalische Gestaltung des Gottesdienstes verantwortlich. Sie lehrte die Mitschwestern das Singen und das Notenlesen und wies jeder Nonne ihren Platz im Chor zu. Die Pförtnerin war für Außenkontakte zuständig und verteilte Almosen. Die Novizenmeisterin kümmerte sich um die neu eingetretenen, meist noch sehr jungen Frauen während ihrer ein- oder mehrjährigen Probezeit, ehe sie das Ordensgelübde ablegten. Sie machte die Novizinnen mit den Regeln und Bräuchen des Klosterlebens vertraut und bestrafte Disziplinarverstöße. Sie brachte ihnen genügend Latein bei, um die Chorgebete sprechen und der Liturgie folgen zu können, vermittelte ihnen theologische Grundkenntnisse und lebte ihnen vor, wie ein geistliches Leben zu führen war.

Immer waren geistliche Frauen auf Männer als Seelsorger angewiesen. Denn alles, was zum Seelenheil nötig war – Messen lesen, die Beichte hören, die Kommunion spenden, geistlichen Rat erteilen –, das konnten nur Priester. Mit entscheidend für den Bestand eines Frauenklosters war daher ein in erreichbarer Nähe gelegenes Männerkloster, das die *cura monialium*, die Seelsorge für die Frauen, übernahm. Und weil die Ordensfrauen in Klausur lebten, benötigten sie auch in weltlichen Angelegenheiten den Einsatz von Männern, etwa bei der Verwaltung ihres Klosters und bei der Regelung wirtschaftlicher Angelegenheiten. Laienbrüder arbeiteten als Handwerker im Kloster, verwalteten die Wirtschaftshöfe, versorgten das Vieh, bestellten die Felder, verkauften die landwirtschaftlichen Erträge.

Von Anfang an standen die Klöster in einem Spannungsverhältnis zwischen asketischer Entsagung und Verweltlichung. Der Ruhm eines Klosters zog Bewerber(innen) an, die ihr Vermögen einbrachten. Gönner bedachten es mit Schenkungen und Seelenheilstiftungen, das heißt mit Vermächtnissen im Gegenzug für Jahrtagsmessen und Gebete. Mit der Zeit führte der Reichtum der Klöster zu behaglichem Wohlleben und Luxus, die Ordensdisziplin ließ nach, die Klausur wurde gelockert. Die einstmals asketische Lebensweise verwässerte zusehends, was den Ruf nach Erneuerung nach sich zog und nach vollzogener Reform einen Zustrom neuer Aspirant(inn)en auslöste, so dass sich im Lauf der Jahrhunderte ein Kreislauf von Erneuerung, Blüte und Verweltlichung beobachten lässt. Das Bestreben, zu den alten Klostertugenden zurückzukehren, setzte die Gründung verschiedener Reformorden in Gang. Den Anfang machte die in Burgund gelegene Abtei von Cluny im 10. Jahrhundert. Von Hirsau ausgehend, verbreitete sich die cluniazensische Reform im 11. und 12. Jahrhundert über Deutschland. Ende des 11. Jahrhunderts entstand im burgundischen Cîteaux (lateinisch: Cistercium) der Zisterzienserorden, der sich völlige Weltabgeschiedenheit, radikale Enthaltsamkeit und Demut auf die Fahnen schrieb. Auch Frauen strebten in diese Orden.

Waren im frühen Mittelalter die Nonnenklöster in Südwestdeutschland nur dünn gesät, so verdichtete sich seit dem Ende des 11. Jahrhunderts die Frauenklosterlandschaft zusehends. In den dreißiger und vierziger Jahren des 13. Jahrhunderts kam es zu einer regelrechten Gründungswelle: In Oberschwaben, am Oberrhein, am mittleren Neckar und im Hohenlohischen wuchsen in schneller Folge Frauenzisterzen aus dem Boden, die sich der Paternität eines nahe gelegenen Männerklosters unterstellten. Auch bereits bestehende Beginengemeinschaften, von denen es besonders in der Bodenseeregion viele gab, schlossen sich gern den Zisterzienserinnen an. Im heutigen Bayerisch-Schwaben entstanden in der Diözese Augsburg in den 1230er-

Jahren unter der Paternität des Männerklosters Kaisheim sechs weitere Frauenzisterzen. Wenn auch in diesen Klöstern noch die Edelfrauen aus dem staufischen Umkreis überwogen, so gab es doch schon von Anfang an Patrizierinnen aus Reichsstädten wie Esslingen, Schwäbisch Hall, Ravensburg oder der Bischofstadt Konstanz. Und am Ende des 13. Jahrhunderts überwogen sie sogar.

BETTELORDEN

Im Hochmittelalter wurden Städte gegründet und blühten auf und mit ihnen ein neuer Stand: das Bürgertum. Die Menschen wurden beweglicher. Bauern zogen in die Städte, Pilger auf Wallfahrt, Ritter auf Kreuzzüge. Der Eindruck, unverrückbar auf einen festen Platz innerhalb einer Gemeinschaft gestellt zu sein, machte einer Art Ich-Bewusstsein Platz, was freilich eher für die Elite als für das einfache Volk zutraf. Aber wer Zeit und Muße zum Nachdenken hatte, gestattete sich Gedanken, die nicht mit den Lehren der alten Autoritäten konform gehen mussten. Ein neues Interesse für das, was in der Seele verborgen lag, entwickelte sich. Die Minnedichtung feierte die Liebe und inspirierte auch die religiöse Dichtung. Das Verhältnis zu Gott wurde unmittelbarer, persönlicher, gefühlvoller. Die Frömmigkeit veränderte ihre Ausrichtung, ablesbar an einem neuen Christusbild. Im frühen Mittelalter war Christus als majestätisch entrückter, richtender und triumphierender Gottkönig verehrt worden. Nun geriet seine Menschennatur in den Blick, der gemarterte Erlöser, der Schmerzensmann, der mit seinem Leiden und Sterben die Menschheit von ihren Sünden befreite. War es früher darum gegangen, sich den Leidensweg Christi andächtig in Gedanken zu vergegenwärtigen, so verlangte die neue Frömmigkeit, die Marter Christi am eigenen Leib zu spüren. Die Gläubigen unterzogen sich Selbstpeinigungen, bei denen das Blut strömte, Selbstgeißelungen waren jahrhundertelang an der Tagesordnung. Manche Ordensleute gingen so weit, sich das Kreuz in die Brust zu ritzen.

Dominikanerinnen, Zisterzienserinnen und Klarissen in Südwestdeutschland (1200–1500)

- 🔵 Dominikanerinnen
- 🟢 Zisterzienserinnen
- 🔴 Klarissen

Nicht dargestellt sind die Hunderte von Beginenhäusern und
Niederlassungen der Franziskaner-Terziarinnen.

Entwurf: Raimund Waibel

Nach ihrer Überzeugung wollte Gott ihren Schmerz und ihr Leiden. Es sollte dazu dienen, den sündigen Leib abzutöten und die Seele ganz für Gott zu öffnen.

All diese Veränderungen hatten einen religiösen Aufbruch nie gekannten Ausmaßes zur Folge. Angewidert vom Reichtum der Welt, vor allem aber von dem der Kirche, wandten sich die Gläubigen in großer Zahl dem Ideal der Armut zu und von der Geistlichkeit ab, denn was konnte man von einem habgierigen, machthungrigen und korrupten Klerus für das eigene Seelenheil erwarten? Auf diesem Nährboden entstanden im 13. Jahrhundert die Bettelorden. Im Frühjahr 1207 warf der Kaufmannssohn Giovanni Bernardone, genannt Francesco, auf dem Marktplatz von Assisi seinem Vater die vornehmen Gewänder vor die Füße, um »nackt dem nackten Christus nachzufolgen«. Von nun an zog Franz von Assisi barfuß und in einer einfachen Kutte als Büßer durch das Land und predigte wie einst die Apostel das Evangelium. Mit Geld und Besitz wollte er nichts zu schaffen haben, um sein Essen bettelte er. Bald hatte er eine große Gefolgschaft um sich gesammelt und schon 1209/10 gründete er einen Buß- und Wanderprediger-Orden, dessen Angehörigen als »Franziskaner« oder Barfüßer bezeichnet wurden.

Etwa zur gleichen Zeit gründete der Spanier Domingo de Guzmán, genannt Dominikus, in Südfrankreich den Orden der Predigerbrüder. Wohl wissend, dass die Ketzer, die sie im Auftrag des Papstes bekämpften, oft wegen der Verweltlichung der geistlichen Würdenträger vom »wahren Glauben« abgefallen waren, verschrieben sich auch die Dominikaner radikaler Armut. Zu ihrer Hauptaufgabe machten sie die Verkündigung und Auslegung des Evangeliums durch Predigten. Aber auch Lesung und Betrachtung der Heiligen Schrift, Meditation und Gebet lag den Dominikanern am Herzen, desgleichen eine gut fundierte theologische Bildung, die ihnen ein Studium an den Universitäten von Paris und Bologna vermittelte.

Beide Bettelorden suchten nicht die ländliche Abgeschiedenheit der benediktinischen Adelsklöster, sondern wollten mitten in der neu entstehenden Welt der Städte wirken. Sie erfuhren

gewaltigen Zulauf. Auch von Frauen. So gründete Franziskus'
Weggefährtin Chiara dei Scifi den zweiten Orden des heiligen
Franziskus. Dieser gab der Gemeinschaft der (später nach Chiara
benannten) Klarissen eine Ordensregel, die vollständige Armut
und strenge Klausur verlangte. Denn nur die Ordens*männer* zogen hinaus, die Dominikaner als Prediger, die Franziskaner sorg-
ten für die Armen und Kranken. Die Schwestern mussten hinter
Klostermauern bleiben. Weibliches Ordensleben war für die Kirche nur innerhalb der Klausur denkbar. Dafür lockerte sie sogar
das strikte Armutsgebot. Ein neu zu gründendes Kloster hatte den
Lebensunterhalt der Schwestern zu gewährleisten, damit sie nicht
betteln gehen mussten. Daher konnten nur Frauen eintreten, die
eine Mitgift einbrachten. Auch bei den Bettelorden.

Die ersten Dominikanerinnenklöster des Südwestens entstanden am Oberrhein und breiteten sich seit 1225 in schneller
Folge aus: keine kleinen Klausen, sondern Klöster mit 70 und
mehr Schwestern, denen ständig die Überfüllung drohte. Nicht
ganz so stark war der Ansturm auf die franziskanischen Frauenkonvente. Das älteste und bedeutendste Klarissenkloster in
Deutschland wurde zwischen 1235 und 1239 in Ulm gegründet
und zwei Jahrzehnte später nach Söflingen verlegt.

»FRAUEN, DIE SICH BEGINEN NENNEN«

Der religiöse Aufbruch des Hochmittelalters wurde in solchem
Ausmaß von Frauen getragen, dass manche Historiker(innen)
von einer »religiösen Frauenbewegung« sprechen. Frauen
drängten in weitaus größerer Zahl in die Klöster, als diese aufnehmen konnten. Verschärft wurde die Situation noch durch
das Gründungsverbot neuer Orden durch das Laterankonzil
im Jahr 1215. Frauen ohne Vermögen blieb das Kloster ohnehin verschlossen, ganz egal wie groß ihre spirituelle Sehnsucht
war. So bildete sich eine alternative Lebensform heraus, ein Leben außerhalb der Institutionen Ehe oder Kloster, ein geistliches Leben mitten in der Welt: das Beginentum. Männer, die

Gegenüberlie-
gende Seite: Die
Toten begraben –
eines der sieben
Werke der Barm-
herzigkeit. In den
mittelalterlichen
Städten wurde
dieser unverzicht-
bare Dienst am
Nächsten von den
Beginen geleistet.
Innenansicht eines
Spitals in Frank-
reich, Holzschnitt,
16. Jahrhundert.

diese Lebensform wählten, nannte man Begarden.
Der Begriff »Begine« wurde in Deutschland erstmals
1223 in Köln erwähnt, zunächst bezeichnete man sie
als *mulieres religiosae*, geistliche Frauen. Die frühes-
ten Beginengemeinschaften finden sich in Brabant und
Flandern. Aber auch in Süddeutschland gab es schon
früh »Sammlungen«, wie man diese Gemeinschaften
nannte: seit etwa 1211 in Nürnberg und nach 1229 auch
in Ulm. Über den Ursprung des Beginentums ebenso
wie den des Namens gibt es zwar viele Legenden, aber
kein gesichertes Wissen.

Nicht nur verhinderte Nonnen lebten als Beginen,
sondern auch Frauen, die sich keiner Ordensregel unterwerfen, aber die Ideale der Armut und der Keuschheit in
der Welt verwirklichen wollten. Sie gaben sich ihre Regeln selbst, wählten eine Vorsteherin und brachten ihr
Vermögen in die Gemeinschaft ein, die sie jederzeit auch
wieder verlassen konnten. In den Anfängen waren es überwiegend begüterte Frauen, die die frommen Wohngemeinschaften
gründeten und ihr Hab und Gut mit anderen teilten. Die Beginen arbeiteten für ihren Lebensunterhalt und organisierten ihren Alltag gemeinsam. Vor allem übernahmen sie das, was heute
Sozialarbeit heißt und damals »die sieben Werke der Barmherzigkeit« genannt wurde: Hungrige speisen, Durstige tränken,
Nackte bekleiden, Fremde beherbergen, Gefangene besuchen,
Kranke pflegen, Tote bestatten. In den Armen und Bedürftigen
begegnete den frommen Frauen Christus, der gesagt hatte: »Was
ihr für einen meiner geringsten Brüder getan habt, habt ihr für
mich getan« (Matthäus 25, 40). Von ihrer tätigen Nächstenliebe
profitierten die Städte des Mittelalters, in denen sich das Beginentum hauptsächlich ausbreitete.

Weil sich die Beginen besonders der Sterbenden annahmen,
die Toten wuschen und aufbahrten, Kerzen für sie aufstellten,
ihre Grabstätten pflegten und für ihre Seelen beteten, wurden
sie auch als »Seelfrauen«, ihre Niederlassungen als »Seelhäuser«
oder »Gottshäuser« bezeichnet. Die Angst vor der ewigen Ver-

dammnis war groß, und wer es sich leisten konnte, sorgte zu Lebzeiten für sein Seelenheil vor: durch Schenkungen und Zuwendungen an Klöster, aber auch, als sich das Beginentum etabliert hatte, indem man Beginenhäuser stiftete oder unterstützte und oft sehr detailliert verfügte, wie das eigene Totengedenken auszusehen habe. Kenntlich waren die Beginen an ihrer der Ordenstracht nachempfundenen Kleidung: graue Gewänder, schwarze Wolltücher, Schleier.

In ganz Europa stand die Kirche der Bewegung der »armen Schwestern« von Anfang an zwiespältig gegenüber. Einerseits lag ihr daran, die Beginen unter ihre Fittiche zu nehmen, ihnen die Seelsorge und geistliche Führung angedeihen zu lassen, nach denen sie verlangten. Und man wollte sie unter Kontrolle haben. Denn der Kirche war die Lebensweise der Beginen von Anfang an suspekt, vor allem, wenn sich die Frauen nicht in aller Stille niederließen, sondern – ein Unding für Laien und ganz besonders für Frauen – wie Mönche predigend durch die Lande oder bettelnd von Haus zu Haus zogen. Oder sich trafen, um über theologische Fragen zu diskutieren und sich ihr eigenes Bild über die christliche Glaubenslehre zu machen, wozu sie nach Meinung der Theologen nicht qualifiziert waren. So gerieten sie leicht in den Verdacht, die Lehre des Evangeliums zu verfälschen. Denn die Deutungshoheit für Gottes Wort lag bei den gelehrten Gottesmännern. Die Bibel gehörte den Theologen.

Gegenüber-
liegende Seite:
Der »Minnegriff«:
durch den Aus-
tausch der Herzen
vollzog sich die
Vereinigung mit
dem Göttlichen.
Miniatur aus der
Inzigkofer Mystik-
handschrift »Chris-
tus und die min-
nende Seele«, Ende
15. Jahrhundert.

Um die frommen Frauen, »welche nicht durch Klostermauern oder durch eine Regel geschützt seien, sondern gleichsam mitten im Meere den Gefahren der Welt
ausgesetzt wären«, vor Angriffen, Verdächtigungen und
übler Nachrede zu schützen, stellte Papst Gregor IX., der
ihre Lebensweise ausdrücklich billigte, in den 1230er-
Jahren immer wieder Schutzbriefe aus zugunsten der
Schwestern, »die gewöhnlich Beginen genannt werden«.
Doch das Konzil von Vienne von 1311/12 verbot den
Beginenstand, mit Ausnahme jener, die »ehrsam in ihren Häusern leben«, wo sie weiterhin mit dem Segen der
Kirche Buße tun und Gott im Geist der Demut dienen
durften. Papst Johannes XXII. stellte 1318 auf Anfrage
des Straßburger Bischofs den Unterschied zwischen guten und schlechten, rechtgläubigen und verdächtigen
Beginen klar. Auch er nahm Frauen von der Verfolgung aus, die
»allein oder gemeinsam ein ehrenwertes und keusches Leben
führten, die Kirchen besuchten, den Geistlichen gehorchten, sich
nicht zu predigen anmaßten und sich in keinerlei Irrtümer ver-
strickten«. Unter dem Schutz der Kirche standen auch die Frauengemeinschaften, die die Regel des dritten Ordens des heiligen
Franziskus annahmen. Diese war speziell auf die Bedürfnisse von
Laien, das heißt Personen nicht-geistlichen Standes, zugeschnit-
ten, die Gott »in der Welt« dienen wollten. Viele Frauen, die als
Beginen lebten, waren damit formal Terziarinnen, Drittordensschwestern der Franziskaner.

Weil mit der Zeit niemand mehr ohne Erlaubnis und Überwa-
chung eines Ordens, des Papstes oder des zuständigen Diözesan-
bischofs ein religiöses Leben zu führen berechtigt war, kam es im
Spätmittelalter zur »Verklösterung« des geistlichen Lebens. Die
meisten neu entstehenden Beginensammlungen schlossen sich
schon bald nach ihrer Gründung einem Orden an, häufig dem
dritten Orden der Franziskaner. Andere Sammlungen ließen sich
in den zweiten Orden der Franziskaner, der Dominikaner oder
auch der Zisterzienser eingliedern. So gehen viele Frauenklöster
im deutschen Südwesten auf beginische Gründungen zurück.

MYSTIK – DIE NEUE FRÖMMIGKEIT

Die neue, auf das persönliche Erleben gerichtete Frömmigkeit fand ihren Ausdruck in einer religiösen Praxis, die nicht nur die Nähe zu Gott anstrebte, sondern die unmittelbare Erfahrung des Göttlichen, die Verschmelzung, das Einswerden mit Gott. Diese eigentlich nur den Seligen vorbehaltene Erfahrung wurde jetzt durch die besondere Gnade Gottes auch Menschen im irdischen Leben zuteil. Man nannte es allegorisch *unio mystica*: die Vereinigung der Seele als Braut mit Gott als dem Bräutigam. (Von *Mystik* spricht man erst seit etwa dem späten 18. Jahrhundert.) Ekstasen, Visionen, Erscheinungen, Stimmenhören, lautes Jubilieren oder unaufhörliches Weinen, Lähmungen und Starre, die die wunderbare Vereinigung begleiteten, wurden als Zeichen der Heiligkeit gewertet.

Am Oberrhein wirkte das »mystische Dreigestirn« als Seelsorger für geistliche Frauen. Die Dominikaner Meister Eckhart und seine Schüler Johannes Tauler und Heinrich Seuse wollten auch Menschen ohne theologische Bildung erreichen. Besonders Heinrich Seuse gewann mit seinen Predigten und Schriften in der Volkssprache im Bodenseeraum großen Einfluss. Seine erste mystische Ekstase erlebte er mit 18 Jahren: »Da geriet die Seele in seinem Leibe in Verzückung, oder sie war entrückt aus seinem Leibe. Er sah und hörte, was allen Zungen unaussprechlich ist. Es war formlos und erscheinungslos und hatte doch aller Formen und Empfindungen freudenreiche Lust in sich. Sein Herz war gierig danach und doch gesättigt, sein Gemüt war froh erregt und wohlgestimmt; sein Wünschen war gestillt, sein Begehren vergangen. Er starrte nur hinein in einen Widerschein voller Glanz und Helle. Dabei vergaß er sich selbst und alle Dinge. Ob es Tag war oder Nacht, wusste er nicht. Es war aber in ihm eine dem ewigen Leben entquellende Süße, wobei er die Ruhe in einem Stillstehen der Gegenwart empfand. [...] Diese Entrückung währte bei ihm wohl eine Stunde oder eine halbe. [...] Als er wieder zu sich gekommen war, da war es ihm in jeder Hinsicht wie einem Menschen, der von einer anderen Welt gekommen ist.« Schilderungen von Mystikerinnen und Mystikern sprechen übereinstimmend von der Unbeschreibbarkeit des Erlebten, vom Entrücktsein aus dem Körper, von einer Selbst-Vergessenheit, in der äußere Eindrücke nicht mehr wahrgenommen werden, vom Stillstehen der Zeit und von paradoxen Erfahrungen: hören ohne die Ohren, sehen, ohne die Augen zu benutzen, begierig und doch gesättigt zu sein.

Die Gabe der mystischen Schau war eher den Frauen als den Männern gegeben. Den Mönchen standen andere Wege zur Gotteserkenntnis offen: die Wissenschaft, das Studium an einer Universität, das Priester- und Predigeramt. Das alles war den Frauen verwehrt. Ihre göttlichen Offenbarungen aber gaben ihnen die Legitimation und die Autorität, ihre Stimme zu erheben, sich zu äußern zu theologischen und politischen Fragen, als Prophetin, Seelsorgerin, Predigerin, Ratgeberin und Kritikerin in Erscheinung zu treten, in einer Kirche, die den Frauen zu schweigen gebot. Denn wenn das Gesagte von Gott eingegeben wurde, was konnte man dann dagegen einwenden, dass es von einer Frau ausgesprochen wurde? Gleichwohl war es gut, wenn eine Mystikerin im Schutz ihres Beichtvaters und Seelsorgers stand, um sie vor dem leicht aufkommenden Ketzereiverdacht zu schützen. Denn die heilige Inbrunst machte nicht nur blind und taub für die Reize der äußeren Wirklichkeit, sie immunisierte oft auch gegen die soziale Ordnung, gegen althergebrachte Autoritäten und etablierte Lehren. Aus ihren Offenbarungen leiteten viele Mystiker(innen) den göttlichen Auftrag ab, die Lehren aus dem Erschauten weiterzugeben, auch wenn dies nicht im Einklang mit den Doktrinen der Kirche stand.

Aus heutiger Sicht muss man nicht an Wunder glauben, um sich mystische Erfahrungen zu erklären. Die Ordensleute fasteten viel, und viele fasteten freiwillig weitaus mehr, als die Regeln es verlangten. Sie ließen sich vom Durst quälen, wie es auch Christus am Kreuz gedürstet hatte. Die Klosternacht wurde durch die Stundengebete unterbrochen. Viele Ordensleute verharrten auch dazwischen wachend und betend, machten Kniebeugen bis zum Umfallen. Profan betrachtet, können Schlafentzug, Dehydrierung, Unterzuckerung und Fieberkrankheiten, hervorgerufen durch extreme Askese, für die »außergewöhnlichen Bewusstseinszustände« verantwortlich gewesen sein, als die man Ekstasen, Visionen, Trancen heute kategorisiert. Man weiß auch, dass Meditationsübungen und -praxis sich auf die Gehirnstrukturen auswirken, wobei der kulturelle Kontext den Inhalt der Gesichte und Vorstellungen bestimmt. Liturgie, Andachtsbilder, Gebetstexte und Meditation führten mitten hinein ins Heilsgeschehen und stellten den Betenden das Leiden Christi und das Martyrium der Heiligen drastisch vor Augen. Tag und Nacht füllte es das ganze Denken und Fühlen aus. Nimmt es da Wunder, wenn Christus vom Kreuz steigt und die vor ihm kniende Nonne umarmt? Oder wenn ein liebevoll gewiegtes hölzernes Jesuskind die Augen aufschlägt und gestillt werden will?

Gertrud von Ortenberg:
Ein Beginenleben

Als Gertrud am Sarg ihres Mannes steht, ist ihr mehr nach Lachen als nach Weinen zumute. Ihre Schwester mahnt, sie solle doch wenigstens etwas Trauer zeigen, schon wegen der Leute, die zum Begräbnis des Ritters gekommen sind. Aber Gertrud kann nur daran denken, dass sie jetzt frei ist. Endlich kann sie das Leben führen, nach dem sie sich immer gesehnt hat: ein Leben voller Gnade, ganz der Liebe zu Gott hingegeben. Diesen Weg geht sie von nun an unbeirrbar.

Gertrud von Ortenberg kommt in der Zeit zwischen 1275 und 1285 auf Burg Ortenberg über dem Kinzigtal zur Welt. Ihr Vater ist Ritter Erkenbold von Ortenberg. Er gehört zum Dienstadel des Reiches, amtiert als Burgvogt und Schultheiß der Ortenau. In zweiter Ehe ist er mit einer Freiin von Wildenstein verheiratet. »Nun schenkte unser lieber Herr dem Ritter und seiner Gemahlin auch viele Kinder miteinander und besonders ein Töchterlein, ein Kind, dem unser Herr sein ganzes Leben hindurch gar vertraut gewesen ist«, heißt es in Gertruds Lebensbeschreibung.

Gertruds Vita wurde wenige Jahre nach ihrem Tod nach Berichten ihrer Weggefährtin Heilke von Staufenberg von einer anonymen Schreiberin verfasst, die Gertrud selbst noch gekannt hat. Auf Deutsch, in der

Gegenüberliegende Seite: Das Ritterleben als Liebesgarten – kein Dasein, das Gertrud locken könnte. Sie sucht die Gemeinschaft mit Gott.

Gertrud zieht zu einer Begine und wartet dort ihre Niederkunft ab. Sie will ihr Leben ändern. Darstellung einer Begine aus »Des dodes dantz«, Lübeck 1489.

Volkssprache. Gedacht als exemplarische Erzählung zum Vorlesen und Nacheifern für fromme Frauen, wird Gertruds Lebensgeschichte nach dem Muster der Heiligenlegende erzählt. Sie konzentriert sich auf das, was für Gertruds spirituelle Entwicklung wichtig ist: die Abkehr von der Familie, von der Welt, die selbst gewählte Armut, die Hinwendung zu Gott, die Gnadenerfahrung, die Gott ihr gewährt. Zweifel oder Krisen haben darin keinen Platz. Aufbewahrt wird die 1990 wiederentdeckte Handschrift in der Königlichen Bibliothek in Brüssel.

Als Kind erfährt Gertrud viel Grausamkeit. Ihr Vater stirbt, als sie sieben Wochen alt ist. Die erwachsenen Kinder aus seiner ersten Ehe schikanieren ihre Stiefmutter so lange, bis sie nach zwei Jahren verzagt in ihre Heimat an der Donau zurückkehrt, wo sie wenige Jahre später stirbt. Gertrud ist ein schwaches, kränkliches Kind und wird gegen Kostgeld von einem Bauern zum anderen weitergereicht, ehe ihre Stiefgeschwister sie auf die Burg zurückholen. Nicht, dass es ihr jetzt besser ginge: »Wenn das Kind weinte oder ihm etwas fehlte, da packte die Magd es von hinten am Kleidchen, oder sie erwischte es an einem Arm und schlenkerte es gegen die Tür zur Erde, dass ihm gar weh geschah. Und wenn es nicht sofort still war, oder es sich vor Schwäche oder weil es noch so jung war, nicht ruhig verhalten konnte, da lief die Magd herbei, machte einen kräftigen, harten Strohwisch, gab dem Kind eine tüchtige Abreibung und misshandelte sein Körperchen.«

Erst als ihr Stiefbruder sich für sie einsetzt, bessert sich ihre Lage. Gertrud hat inzwischen die Sprache verloren und bleibt jahrelang stumm. Nur einer freundlichen Rittersfrau, die ihm das Spinnen beibringt, gelingt es, Zugang zu dem verstörten Kind zu finden, indem sie ihm von Jesus und seinem Leiden erzählt. Damit trifft sie einen Nerv. Gertrud vergeht vor Mitleid und vor Liebe zu dem gemarterten Erlöser. Sie kann gar nicht genug von den biblischen Geschichten bekommen. Ihre Spielgefährten sind die Dorfkinder, die im Burghof um Essen betteln. Ihnen bringt sie das Brot, das sie von der Tafel hat mitgehen lassen. Aber am liebsten bleibt sie für sich und übt fürs Kloster: Sie liest die Stundengebete und jede Woche alle 150 Psalmen, so wie es auch im Kloster Brauch ist. Doch der Eintritt in einen Konvent scheitert am Mangel einer Mitgift. Ihr Bruder hat das Erbe durchgebracht, für Gertrud ist nichts mehr übrig.

Nach weltlichen Maßstäben hat Gertrud großes Glück: Es findet sich ein älterer verwitweter Ritter mit vielen Kindern, Heinrich Rickeldey oder Rückeldegen von der nahen Ullenburg, der sie auch ohne Mitgift zur Frau nimmt. Er kauft ihr Kleider und Schuhe, alles, was jungen Frauen Freude macht. Glücklich wird die Ehe trotzdem nicht. Herr Heinrich ist weltlich gesinnt, die Spiritualität seiner Frau bleibt ihm fremd. Als Herrin einer Adelsburg ist Gertrud eine Fehlbesetzung. Eine Burgherrin hat sich um Haus und Hof, Gäste und Gesinde zu kümmern. Für Gertrud sind das lästige Pflichten, die sie vom Beten abhalten. In vier Jahren bringt sie drei Kinder zur Welt, eines stirbt bald. Das Eheleben ist ihr zuwider. Glücklich ist sie nur in der Kirche. Dort empfindet sie »Süßigkeit und Gnaden mit unserem Herrn«, dort fühlt sie sich vereint mit Gott. Auf dem Rückweg zur Burg bricht der Jammer des Alltags wieder über sie herein.

Gertrud ist gerade mit dem vierten Kind schwanger geworden, da stirbt Ritter Heinrich und hinterlässt ihr ein ansehnliches Vermögen. Zunächst zieht Gertrud mit ihren Kindern

Weibliche Gelehr-
samkeit: Fromme,
gebildete Frauen,
die sich ihre ei-
genen Gedanken
über den Glauben
machen, findet
man im Kloster,
aber zunehmend
auch in freien
Gemeinschaften in
den Städten. Stein-
skulpturen aus der
Benediktinerabtei
Werden.

zu Schwester und Schwager auf die Schauenburg im
Renchtal. Bei einem Besuch in Offenburg wird Gertrud
von einem Weinkrampf befallen. Es zieht sie in die Stadt,
dort möchte sie leben, als fromme Frau unter frommen
Frauen. Der »Jammer« lässt sie nicht mehr los, bis sie
ihr Vorhaben durchgesetzt hat. Ihrem Schwager fehlt
jedes Verständnis für diese Entscheidung. Eine Witwe,
noch dazu eine schwangere, soll bei ihren Verwandten
leben, wo sie hingehört. Man zieht nicht einfach weg,
zu fremden Leuten, die nicht wissen, wer sie und wer
der Vater ihres Kindes ist. »Man wird sagen: das Kind,
das du trägst, sei von einem Pfaffen oder Mönch.« Aber
Gertrud bleibt bei ihrem Entschluss: »Weiß Gott, es
kann nicht anders sein, ich will es wagen.« Sie packt
ihre Habe und ihre zwei Kinder auf einen Karren und
fährt nach Offenburg. Bei einer Begine wartet sie die
Niederkunft ab und trägt als Zeichen ihres neuen Lebens Kleider aus grobem Leinen und den schwarzen Mantel der »armen

Schwestern«, wie man die Beginen nennt, die es seit etwa 1290 in Offenburg gibt.

Im Hochsommer 1304 tritt Heilke von Staufenberg in ihr Leben. Die junge Frau ist aus der Burg ihrer Ahnen geflohen, nachts durch den Wald, in Begleitung einer Gesellschafterin und eines Dieners. Sie will ins Kloster, ihre Brüder wollen sie verheiraten. Heilke findet Zuflucht bei Gertrud in Offenburg. Die Auseinandersetzung um Heilkes Erbe zieht sich über Monate hin, die sie in Straßburg verbringt, bei Verwandten, die sie zeitweise vor ihren Brüdern verstecken müssen. Gertrud hat sich mittlerweile entschlossen, die franziskanische Drittordensregel anzunehmen. Damit gehört Gertrud streng genommen zum Laienstand, sie selbst und ihre Umgebung fassen ihren Status aber als »geistlich« auf. Als Franziskaner-Terziarin steht Gertrud die seelsorgerliche Betreuung durch die Barfüßer, die Brüder des Franziskanerklosters, zu. Sie sind auch für die Verwaltung ihres Vermögens zuständig, pro forma, denn Gertruds Vita legt nahe, dass sie selbst frei über ihren nicht unbeträchtlichen Besitz verfügte. Nach ihrer Rückkehr aus Straßburg gibt Heilke ihre Klosterpläne auf und bleibt mit Gertrud zusammen. 30 Jahre und 28 Wochen lang, wie Heilke der Schreiberin der Vita erzählt, »hielten [sie] Haus miteinander und teilten Liebe und Leid, als ob es sie beide gleich anginge. […] Sie lebten liebevoll und einträchtig miteinander.«

Das kleine Haus, in dem Gertrud auch andere Beginen aufnimmt, liegt in unmittelbarer Nachbarschaft der Franziskanerkirche. Von ihrer Kammer aus hört sie den Gesang der Mönche. Zur Messe, die sie täglich besucht, zur Vesper, zur Beichte und zur Predigt hat sie es nicht weit. In ihrem Häuschen gibt es einen Hof, einen Garten und einen Stall. Gertrud und Heilke haben ihre eigenen Kammern und schlafen in einfachen Betten. Die Mägde im Haus nächtigen auf Strohsäcken, aber irgendwann findet Gertrud das nicht mehr in Ordnung. Sie besteht darauf, ebenfalls auf einem Strohsack zu schlafen, und zieht sich dabei ein hartnäckiges Rückenleiden zu. Gertrud weigert sich auch, die Vorrechte einer Hausherrin weiterhin in Anspruch zu nehmen. Sie lässt sich nicht mehr bedienen, und die Mägde sollen sie mit »Gertrud« anreden.

An der Fastnacht, wenn alle anderen im Haus singen und tanzen, versteckt Gertrud sich im Stall. Ein anderes Mal backt sie Küchlein für alle, begnügt sich selbst aber mit Haferbrei. Und an einem Schlachttag versucht Heilke vergebens, ihr die Würste schmackhaft zu machen, an denen sich die anderen gütlich tun. Gertrud besteht auf einfacher Kost, »so wie sie den Armen an der Tür gegeben wird«. Das sind üblicherweise kalte Reste. Im Haus von Gertrud allerdings bekommen sie ein Säckchen mit Fleisch und Brot, Gemüse, Korn und Mehl. Alles, was sie gerade entbehren kann, gibt sie weg: ein altes Gewand, Betten, Kissen, Decken. Wenn nichts Essbares im Haus ist, geht Gertrud mit Heilke aufs Feld, erntet Gemüse. In den Küchen der Reichen bittet sie um Käse, Schmalz und Speck und kocht Suppe für die Armen.

Arme Wöchnerinnen und alleinstehende Frauen mit Kindern suchen Zuflucht bei ihr, manchmal über viele Wochen. Ihre eigenen Kinder haben, wie so viele, das Kleinkindalter nicht überlebt. Jetzt versorgt Gertrud fremde Kinder, wäscht sie und bessert ihre zerschlissenen Kleider aus oder gibt ihnen neue; die Kranken pflegt sie gesund. Einem aussätzigen Nachbarn, vor dem sich alle anderen ekeln, reicht sie das Essen. Gertrud pflegt auch die Kranken im neuen Andreasspital, sie nimmt sich Zeit für Gespräche und ist sich auch nicht zu fein, verwanzte, stinkende Kleider und Betttücher auszuschütteln. Sie webt und spinnt »um Lohn«, unterrichtet Bürger- und Bauernkinder, auch wenn deren Eltern sie nicht dafür bezahlen können, und sie wirbt eifrig um geistlichen Nachwuchs: »Liebes Kind, willst du nicht ein Nönnchen werden?«

Morgens kann Gertrud es kaum erwarten, bis man die Kirche aufschließt. Dann betet sie selbstvergessen, erlebt Ekstasen und Visionen. Diese göttlichen Gnadenerweise beginnen, nachdem Gertrud »geistlich« geworden ist, und kehren in den folgenden 16 Jahren wieder. »In diesen Entzückungen wurde der Seele von Gott ein göttliches Licht gezeigt, in einem schnellen

Verlauf, so geschwind wie ein Augenblick, daraus schöpfte die Seele, wonach sie sich richten und halten sollte, in Gott, in einem geistlichen Leben. [...] Wenn sie in diesem Zustand der Entzückung lag, wurde ihr Antlitz so ganz wonnevoll, wie eine blühende, liebliche Rose, weiß und rot. Und ihre Augen wurden wunderbar klar, kein edler Vogel hat so leuchtende, klare Augen wie sie in diesem Zustand. Ihre Augen waren halb geöffnet und blicklos und ihr Mund war so rot und schön und so wohlgefällig anzusehen, dass Jungfrau Heilke eine rechte Freude beim Anblick ihres Angesichts empfand, wenn sie bei ihr saß und sie behütete, so dass niemand sie störte.«

Oft setzt sich Gertrud mit Heilke unter die Linde im Kirchhof der Franziskaner und versucht in Worte zu fassen, was ihr widerfahren ist. Heilke ist gebildet und wortgewandt, kann theologisch argumentieren, aber der Zugang zum mystischen Erleben fehlt ihr: »Ich will zwar nach dem Geist Gottes leben so wie du, aber die Fähigkeit dazu habe ich nicht von Gott, sondern allein durch dich.« Gertrud vertraut Heilke ihre Gnadenerfahrungen an und tauscht sich mit ihr darüber aus. Heilke, die bodenständigere von beiden, kümmert sich um Gertruds Wohlergehen und das Hauswesen. Die beiden Frauen ergänzen und brauchen einander: »Jede war der anderen notwendig.«

Mit den Franziskanerbrüdern und prominenten geistlichen Lehrern pflegt Gertrud das religiöse Gespräch. Sie inspiriert die Kirchenmänner mit ihren Offenbarungen, und wenn deren Sinn sich ihr nicht erschließt, hat sie keine Scheu, danach zu fragen. Aber sie nimmt die Auskunft der Gelehrten nicht unbesehen hin, sondern erst, nachdem sie mit sich selbst und mit Heilke zu Rate gegangen ist. Man darf sich Gertruds Haus als Mittelpunkt eines spirituellen Netzwerks vorstellen, in dem sich Laien mit Geistlichen, aber auch untereinander austauschen, vor allem gebildete, fromme Frauen. Diese haben zwar keinen Zugang zum Studium der Theologie, aber sie können lesen, oft auch schreiben und sie besitzen Bücher. In ihren Zirkeln diskutieren sie die Predigten, die sie gehört haben, und beziehen das Gehörte auf die eigenen Erfahrungen, das eigene Leben.

Gegenüber-liegende Seite: Elisabeth von Thüringen verschenkt kostbare Kleidung an Bettler. »Was ihr für einen meiner geringsten Brüder getan habt, habt ihr für mich getan«, heißt es in der Bibel. Jeder Arme könnte Christus sein.

Zu Allerheiligen 1317 oder 1318 ziehen Gertrud und Heilke nach Straßburg. Gertrud hat ihre Güter, die sie bisher für einen Anteil am Ertrag verpachtet hat, gegen einen festen Zins abgegeben. Die Offenburger Beginenschwestern stehen weinend an der Lände der Kinzig und winken dem Boot nach, das Gertrud und Heilke in die Diözesanhauptstadt bringt. Schon vorher sind sie immer wieder dort gewesen, um Predigten zu hören oder Ablässe zu erlangen. Auch in Straßburg, wo 1317 an die 30 Beginenhäuser gezählt werden, siedeln sich die beiden Frauen im Zentrum der Frömmigkeit an. Gertrud kauft ein Haus, ganz in der Nähe des Franziskanerkonvents, zwischen anderen Beginenhäusern. Sie überschreibt es Heilke und übergibt ihr mit der Schlüsselgewalt alle Rechte und Pflichten einer Hausherrin. Irdischer Besitz stört sie nur in ihrem neuen Lebensabschnitt. In Straßburg weiß erst einmal niemand, wer sie sind. Und dass sie lange an der Pforte des Franziskanerklosters warten müssen, bis ein Lesemeister sich Zeit für sie nimmt, ärgert Gertrud überhaupt nicht. Sie will keine Sonderstellung, sondern so behandelt werden wie andere arme Schwestern auch.

In Straßburg herrschen in diesen Jahren religiöse Aufbruchsstimmung und ein von politischen und sozialen Unruhen geprägtes Klima. Die radikal-mystischen »Brüder und Schwestern des Freien Geistes« verkünden, dass der mit Gott vereinigte, vollkommene Mensch keine Kirche und keine Priester mehr brauche, um das ewige Heil zu erlangen. Auch Gesetze und Gebote seien überflüssig, denn wer im Geiste des Herrn sei, könne nicht mehr sündigen. Damit stellen die Beginen und Begarden vom Freien Geist nicht nur die Autorität der Kirche, sondern auch deren Daseinsberechtigung in Frage. Ihr Ruf »Brot durch Gott«, mit dem sie am Oberrhein und anderswo auf die Straße gehen, bringt die Obrigkeit auf, denn dahinter steckt nichts weniger als die explosive Auffassung, dass alles allen gehöre. Im Hochsommer 1317 geht der Bischof gegen die Bewegung vor, entschlossen, unbelehrbare Häretiker verbrennen zu lassen. Ehrbare Beginen, das heißt sol-

che, die nicht predigend und bettelnd umherziehen, bleiben unbehelligt. Gertrud und Heilke gehören zu den Guten, aber auch sie haben zu leiden. Ein Dreivierteljahr lang verweigert man ihnen die Kommunion, die sie bis dahin täglich in der Messe empfangen haben, und sie dürfen ihre Tracht nicht mehr tragen.

Eigentlich hat der Straßburger Bischof nichts gegen rechtgläubige Beginen einzuwenden, aber er bekommt Druck vom Pfarrklerus seiner Diözese, der die Bettelorden als Konkurrenz betrachtet, und die Beginen dienen als eine Art Faustpfand in diesem Konflikt. Franziskaner und Dominikaner sind beliebt beim Volk, und den beginischen Idealen stehen sie näher als die Weltgeistlichen. Wenn nun die Bettelbrüder alle Zuwendungen der Gläubigen bekommen, alle Spenden und Vermächtnisse, und wenn man ihnen die Aufträge für Totenmessen und Gedenkfeiern gibt, dann gehen die Pfarrkirchen leer aus, fürchten die Weltgeistlichen. So kommt es, dass der Bischof im Juli 1318 die seelsorgerischen Kompetenzen der Bettelorden beschneidet und die Beginen verpflichtet, sich den Geistlichen ihrer Pfarrkirche zu unterstellen, anstatt ihre Seelsorger unter den Bettelordensbrüdern zu wählen. Anfang 1319 verbietet er den Beginenstand insgesamt. Doch die Bettelorden setzen sich für »ihre« Beginen ein, worauf der Bischof die Terziarinnen (Drittordensangehörige) unter ihnen ausdrücklich von dem Verbot ausnimmt. Es scheint auch, als habe man, zumindest eine Zeitlang, zu der salomonischen Lösung gegriffen, Beginen nicht mehr »Beginen« zu nennen, sondern einfach »Schwestern«.

Straßburg ist eine Stadt »voller Gnaden«. Neben der heiligen Stadt Köln hat Straßburg die beste geistliche Infrastruktur im ganzen Reich: viele Klöster, viele Kirchen, berühmte Prediger, die in die Bischofsstadt kommen. Vermutlich hat Gertrud dort auch die Mystiker Meister Eckhart und Johannes Tauler gehört. Meister Eckhart wirkt zwischen 1313 und 1324 in Straßburg, wahrscheinlich als Generalvikar des dortigen Dominikanerklosters, ein vielgefragter Prediger und Seelsorger. Nonnen, Beginen, aber auch fromme weltliche Frauen hören und beherzigen seine Lehren. Er schreibt auf Deutsch, für eine Leserschaft ohne formale theologische Bildung, die zu eigenem Denken in der Lage ist, und er mutet ihr einiges zu. Seine Lehre von der »Gotteinigkeit« des Menschen ist neu, gewagt und am Rand des Häretischen: Gott ist nicht über dem Menschen, sondern im Menschen, die Seele ist in ihrem Wesen göttlich.

Eckhart ist kein Freund der Ekstasen, wie sie in den Dominikanerinnenklöstern praktiziert werden. Sein Streben geht in eine andere Richtung. Nach seiner Lehre muss der Mensch, der das Einssein mit Gott leben will, sich von allem weltlichen Wollen und Begehren lösen, sein Seele ganz leer machen, wie ein aufnahmebereites Gefäß, damit Gott die Seele ganz und gar ausfüllen kann. Er soll seine Schwächen erkennen und überwinden, sich von seinen Hoffnungen, Wünschen und Zielen lösen und von seinem Eigenwillen: sich von sich selbst befreien. So wird er eins mit Gott. Diesen Zustand nennt Meister Eckhart »Gelassenheit«. Um ihn zu erlangen, helfen Askese, Selbstkasteiungen und Bußübungen wenig, wichtig ist allein die Zugewandtheit zu Gott.

Unter dem Einfluss seiner Lehre erfährt Gertruds Leben nach sechzehn »geistlichen« Jahren eine radikale Wende. In einer Vision erscheint sie vor dem Jüngsten Gericht, wo sie von allen ihren Sünden losgesprochen wird. Von nun an, so empfindet Gertrud, hat sie die sündhafte menschliche Existenz hinter sich gelassen und lebt untrennbar mit Gott vereint. Und nun verlangt Gott nichts weniger als radikale Armut von ihr. Also entschließt sie sich, sich von ihrem gesamten Besitz zu trennen, der Erlös soll den Armen zugutekommen. Ihr Beichtvater rät ab. Das könne doch nicht Gottes Wille sein, meint er. Was, wenn sie im Alter in Not gerate oder wenn sie krank werde? Am Ende werde sie den Schritt bereuen. Da hält ihm Heilke das Beispiel Elisabeths von Thüringen vor, die wenige Jahre nach ihrem frühen Tod heiliggesprochen wurde. Auch sie habe alles verschenkt, so dass sie schließlich betteln musste. Diesem Argument kann der Beichtiger nichts entgegenhalten. Zornig springt er auf und lässt die beiden Frauen sitzen. Heilke rät ihrer Freundin: »Nimm din selbes war und … folge dem, was in dir ist«, also höre in dich hinein und folge deiner inneren Stimme.

Gertruds innere Stimme heißt sie, ohne Obdach als Arme unter den Armen zu leben. Heilke ringt ihr das Zugeständnis ab, im Haus wohnen zu bleiben, im »schnödesten Kämmerchen«, wenn es sein muss, aber doch wenigstens mit einem Dach über dem Kopf. Auch am gemeinsamen Tisch will Gertrud nicht mehr essen, sondern draußen, wie eine Bettlerin. Mit einem Bettelsack versehen, gesellt sie sich zu den Armen und »geht nach Brot«, muss aber die Erfahrung machen, dass ihr niemand etwas gibt. »Als sie nun so gänzlich alles aufgegeben hatte, dass sie nichts mehr zu lassen noch zu geben noch zu befehlen noch zu bitten noch zu fragen noch zu wissen noch mit irgendjemand etwas zu reden hatte noch auf zeitliche Dinge achtete und auch keine besonderen Übungen mehr machte [...], da lebte sie in vollkommenem Frieden mit Gott, mit sich selbst und mit allen Kreaturen und war frei von allen Dingen.«

Gegenüberliegende Seite: Wie ihr Vorbild Elisabeth von Thüringen, so pflegt auch Gertrud die Kranken im Spital.

Und nun, so berichtet ihre Lebensgeschichte, treibt es sie hinaus in die Dörfer, als Mahnerin, die den Menschen ihre Sünden vorhält, sie zur Besserung drängt und zu frommen Übungen anhält. Sie wirkt als Seelsorgerin für Reiche und Mächtige, vermittelt in Streitigkeiten, steht Flüchtlingen bei und setzt sich für den Frieden ein. Gertrud mischt sich ein, wie es einer Frau damals eigentlich nicht zusteht. Doch ihr Charisma verschafft ihr die nötige Autorität.

Ein Stadtbrand im Jahr 1327 macht Gertrud und Heilke obdachlos, und so ziehen die beiden Frauen wieder nach Offenburg, wo sie bis zu Gertruds Tod zurückgezogen leben. Es scheint, als hätten die außergewöhnlichen göttlichen Gnadenerweise Gertrud am Ende einsam gemacht. Man sieht in ihr die Heilige und Schutzpatronin, der man mit ehrfürchtiger Scheu begegnet, und als sie am 23. Februar 1335 stirbt, widmet man ihr eine Grabinschrift auf dem (heute nicht mehr existenten) Offenburger Franziskanerfriedhof: »Wahrerin der Tugenden, durch viele Gebete Beschützerin Offenburgs vor drohenden Gefahren, fahre fort es zu tun, wir bitten dich«.

Die reine Lust
der Margareta Ebner

Advent 1344. Im Dominikanerinnenkloster Maria Medingen wurde, wie überall in der Christenheit, die Geburt des Herrn erwartet. Zu dieser Zeit nahm die Chorschwester Margareta Ebner eine schwierige Aufgabe in Angriff. Sie begann, die Gnadenerweise und mystischen Offenbarungen aufzuschreiben, die Gott ihr seit Jahren zuteilwerden ließ. Damit kam sie der Bitte ihres Seelsorgers Heinrich von Nördlingen nach, alles, was Gott ihr eingab, aufzuzeichnen. Nur zögernd und »mit Furcht und Schrecken« begann sie ihre Arbeit, unterstützt von ihrer Mitschwester Elsbeth Schepach, der Klosterschaffnerin, die im Jahr darauf Priorin wurde. Die Niederschrift wurde in Fortsetzungen an Heinrich von Nördlingen gesandt. Die ursprünglichen Aufzeichnungen sind nicht mehr erhalten, sondern in einer Abschrift überliefert, die 1353 entstand, zwei Jahre nach dem Tod der Mystikerin.

Die um 1291 geborene Margareta Ebner kam als junges Mädchen ins Kloster, wahrscheinlich mit 13 Jahren, dem damals üblichen Eintrittsalter. Im Mittelalter war es durchaus gebräuchlich, auch schon kleine Kinder ins Kloster zu geben, zur Erziehung oder als »Oblaten«, das heißt als Opfergabe der Eltern. Margareta war nach den Maßstäben ihrer Zeit schon fast erwachsen. Mit zwölf durfte ein Mädchen heiraten, Margareta entschied sich für Gott. Für die Donauwörther Patrizierfamilie, aus der sie stammte, war Maria Medingen (in Mödingen bei Dillingen an der Donau) das Kloster der Wahl. Denn in diesem, mit über 70 Schwestern eigentlich überfüllten Konvent lebte bereits eine verwitwete Tante von Margareta. Später kamen noch weitere Verwandte dazu, außerdem gab es eine Reihe von Frauen aus den Rats- und angesehenen Bürgerfamilien Donauwörths und dem umliegenden Adel. Margareta hätte sich nicht fremd oder einsam fühlen müssen. Und doch führte ihr Weg immer tiefer in die Isolation. Bis sie Christus begegnete.

Der Eintritt in ein Kloster bedeutete den Abschied von der Welt, meistens für immer. Die Nonnen gelobten Armut, Keuschheit und Gehorsam. Durch Askese und radikalen Verzicht auf alles, was das Leben angenehm machte, strebten sie nach spiritueller Läuterung. Margareta aß kein Fleisch und keinen Fisch und verzichtete schließlich auch auf Obst, das sie gerne mochte. Allen Süßigkeiten zog sie »die Süßigkeit, die ich aus Gott geschmecket« vor. Jahrzehntelang verzichtete sie auf Wein, ebenso lange stieg sie in kein Bad, ließ weder Wasser noch Seife an Haut und Haar, wiewohl sie bekannte, dass sie »Unsauberkeit an Gewand oder an Essen oder an Trinken […] nicht wohl leiden« mochte. Der Geruch ihrer Heiligkeit wird streng gewesen sein.

Nach Jahren tiefer innerer Isolation fand sie »Lust und Gnade« in der Begegnung mit Christus. Die Grabplatte der Margareta Ebner in der Klosterkirche Maria Medingen.

Über ihre ersten Jahre im Kloster verlor Margareta nicht viele Worte. Eine gewisse Unruhe spürte sie allerdings, eine »innere Mahnung von Gott, daß ich mich seinem Willen füge in allem meinem Tun«. Wozu sie bald Gelegenheit bekam. Im Februar 1312 wurde die etwa 20-Jährige schwer krank. Schmerzen, so dass sie nur noch keuchend zu Atem kam, Blindheit, Lähmungen an den Händen quälten sie. Nur ihr Gehör ließ sie nicht im Stich. Im ersten Jahr versuchte sie es noch mit Arznei, trotzdem ging es ihr immer schlechter. Sie hatte keine Kontrolle mehr über ihren Körper. »Und wenn es mir zu Kopf stieg, lachte ich oder weinte vier Tage oder länger unaufhörlich.« Drei Jahre dauerte dieser Zustand. Die anderen Schwestern gaben ihre Versuche, die unglückliche Mitschwester zu trösten, schließlich auf und fanden sie nur noch anstrengend. Margareta sah sich von allen verlassen, die früher gerne um sie waren: »Besonders wenn es mir recht übel ging, so schieden sie von mir und sagten, es leide sie nicht mehr bei mir.« Nur eine Schwester blieb ihr, die ihr nahestand und sie pflegte. Diese riet ihr, die Krankheit als eine Schickung Gottes zu ihrer Läuterung zu begreifen.

Margaretas Leben war fortan von schwerer Krankheit geprägt. Über lange Zeit blieb sie ans Bett gefesselt, zu elend, um sich am Klosterleben zu beteiligen. Mehrmals glaubte man, sie würde sterben. Die Zeiten, in denen sie eine »Leichtigkeit des Leibes« verspürte, waren kurz und selten. Beim Lesen ihrer Offenbarungen ist man versucht, die geschilderten Beschwerden einem Krankheitsbild zuzuordnen. Die Hysterie-Patientinnen aus Freuds Fallstudien kommen einem in den Sinn, eine bipolare Störung oder ein psychosomatisches Leiden. Um allerdings dem Leben und den mystischen Erfahrungen einer Nonne aus dem 14. Jahrhundert gerecht zu werden, helfen solche »Diagnosen« nicht weiter. Margareta selbst deutete ihre Krankheit in enger Beziehung zu den Festen des Kirchenjahres und den Ereignissen des christlichen Heilsgeschehens. Denn mit der Krankheit kam die Gnade. In der Vorweihnachtszeit, während der Fastenzeit, vor allem aber in der Karwoche litt sie besonders schwer. Am Ostersonntag, an dem die Auferstehung Christi gefeiert wird, schien die Krankheit von ihr abzufallen. Im Mitvollzug des Leidens Christi spürte sie die Gegenwart Gottes, so dass sie ihre Krankheit schließlich trotz aller Schmerzen mit innerer Freude erfuhr.

Bettlägerig, über lange Zeit stumm und gelähmt, oft dem Tod nahe, suchte Margareta ihre Zuflucht im Gebet: Vigilien, Psalter und verstärkt auch persönliche Gebete, die sie »meine Paternoster« nannte. Es kamen aber auch Zeiten, in denen sie sich grämte, Gott nicht so zu lieben, wie es ihm zukam, und sich Vorwürfe machte, sie habe sich von den irdischen Dingen nicht genug gelöst. Dann zog Margareta sich ganz in sich zurück, vermied den Kontakt mit ihren Mitschwestern, redete mit niemandem. Überhaupt scheint sie nicht gerne geredet zu haben. Und jedes harte Wort brachte sie zum Weinen, jeder Konflikt, jede Unstimmigkeit im Konvent warf sie monatelang aufs Krankenbett. Doch in ihren schlaflosen Nächten betete sie für die Armen Seelen, die im Fegefeuer auf ihre Erlösung warteten. Und die Seelen zeigten sich dankbar, trösteten sie und offenbarten ihr, dass ihr Gebet schon vielen geholfen habe. »Sie stärkten mein Vertrauen auf Gottes Güte, daß ihm mein Leben wohl gefiele und sonderlich, daß ihm das allerliebste an mir wäre die große Demut.« Eines Tages vernahm Margareta die Stimme Gottes, der sie in den Chor vor den Schrein des Allerheiligsten rief. Von nun an zog es sie immer öfter zum Altar, wo sie »große Lust und Gnade spürte«. Alles, was sie bedrückte, fiel von ihr ab, wenn sie vor den Tabernakel trat. Und wenn sie zu schwach war, um selbst zu gehen, ließ sie sich in den Chor zur Messe führen.

Um diese Zeit, in den 1320er-Jahren, ereignete sich nach Margaretas Worten »die große Unordnung der Christenheit«. Es war der Konflikt zwischen Papst Johannes XXII. mit Ludwig IV., den der Papst nur abschätzig »den Bayern« nannte. Der Wittelsbacher war 1314 in einer Doppelwahl zusammen mit dem Habsburger Friedrich dem Schönen zum römisch-deutschen König gewählt worden. Im Winter 1324/25 rückten die Kriegshandlungen zwischen dem Wittelsbacher und dem Habsburger dicht ans Kloster Maria Medingen heran, und als

Ludwig die nahe gelegene Festung Burgau belagerte, mussten die Nonnen das Kloster vorübergehend verlassen. Margareta, die zu dieser Zeit gelähmt war, wurde nach Donauwörth zu ihrer Mutter gebracht. Dort verhielt sie sich nach eigenem Bekunden »ungut« gegen alle, nämlich noch verschlossener und menschenscheuer als im Kloster. Mutter und Geschwister nahmen ihr übel, dass sie niemanden sehen und mit niemandem sprechen wollte.

1324 verhängte der Papst den Kirchenbann über Ludwig. Damit wurden alle gottesdienstlichen Handlungen in Ludwigs Herrschaftsbereich verboten. Das bedeutete: keine Messe, keine Beichte, keine Kommunion, keine Taufe, kein Sakrament mehr, das zum Seelenheil nötig war. In großen Teilen des Reiches stand man auf Ludwigs Seite und hielt sich nicht an das päpstliche Interdikt. Auch der Dominikanerorden fügte sich ihm nicht. Die Schwestern bekamen weiterhin Gelegenheit, die Sakramente zu empfangen, wenn auch selten und unregelmäßig. Die Ordensoberen überließen es der Gewissensentscheidung der Einzelnen, ob sie die Kommunion empfing oder nicht. Margareta war sich wohl eine Zeitlang im Zweifel, ob sie richtig handle, wenn sie gegen das päpstliche Verbot verstieß. Dann überließ sie die Entscheidung dem lieben Gott:»Herr, läßest du mich Unrecht tun, so mußt du es für mich büßen.«

Im Februar des Jahres 1332 brach großes Unglück über Margareta herein. Ihre einzige Vertraute starb, die Mitschwester, die sie jahrelang liebevoll und geduldig gepflegt hatte. Nur der Gedanke, dass es Gottes Wille sei, gab Margareta die Kraft, den Anblick ihrer Gefährtin auf der Totenbahre zu ertragen. Der Verlust stürzte sie in Trauer und tiefste Isolation, sie wollte niemanden mehr sehen.»Oft kam die Stunde, daß mich dünkte, ich könnte keinen Augenblick mehr ohne meine Schwester sein, ich könnte überhaupt nicht leben ohne sie.« Manchmal erschien ihr die tote Freundin im Traum, beantwortete Margaretas Fragen, wie es denn im Himmel zugehe, und zeigte ihr»einen Thron nahe bei Gott«, der für sie, Margareta, bereitstehe.»Mir aber ward doch nicht das Leid genommen um meine Schwester; denn an ihr hatte ich, was ich begehrte: das war Friede, Demut, Minne und rechte Wahrheit. Wir waren allezeit gewandelt miteinander in Einigkeit und Frieden und beschwerten uns mit solchen Dingen nicht, die Wirrsal in das Kloster brachten.« Zwei Jahre nach dem Tod ihrer»Seelenschwester« starb auch ihre neue Vertraute. Verlangte Gott von ihr, sich von jeder Bindung an Irdisches, Vergängliches, auch an geliebte Menschen zu lösen? Margareta hatte sich inzwischen ganz in ein selbst auferlegtes Schweigen zurückgezogen, das sie von Donnerstagabend bis Sonntag und den ganzen Advent und während der Fastenzeit praktizierte. An dem, was im Kloster vorging, nahm sie kaum noch Anteil.

Sie war inzwischen etwa vierzig Jahre alt, die Hälfte ihres bisherigen Lebens war sie krank und einsam gewesen. Da

Gegenüberliegende Seite: Im Fegefeuer büßten die Seelen der Verstorbenen ihre Sünden ab. Das Gebet der Lebenden konnte ihre Qualen lindern und die Zeit ihrer Läuterung verkürzen. Für Margareta stand der Austausch mit den Armen Seelen am Beginn ihres spirituellen Weges. Miniaturen aus dem Memorialbuch des Weiße-Frauenklosters Köln, Ende 14. Jahrhundert.

Gegenüber-
liegende Seite:
Das Kreuz stand
im Zentrum von
Margaretas Fröm-
migkeit. Wie bei
vielen Mystikerin-
nen und Mystikern
füllte das Leiden
Christi ihr Denken
und Fühlen aus.
Hier: Bernhard von
Clairvaux mit einer
Zisterzienserin
unter dem Kreuz.

brachte eine Begegnung kurz nach dem Tod ihrer ersten Vertrauten eine Wende in ihr Leben. Im Oktober
1332 kam Heinrich von Nördlingen zu Besuch, ein
junger Geistlicher, der als Frauen- und Nonnenseel-
sorger sehr gefragt war. Eigentlich wollte Margareta
mit niemandem sprechen und willigte nur zögernd in
eine Unterredung ein. Zu ihrer eigenen Überraschung
aber fühlte sie sich von dem Geistlichen verstanden.
Und obwohl sie schon vorher Anzeichen göttlicher
Gnadenerweise gespürt hatte – Traumgesichte, Stimmen, Wohlgerüche –, brachte die Seelenfreundschaft
mit Heinrich von Nördlingen, die sich nun anbahnte,
eine ungeahnte Steigerung in ihr Frömmigkeitsleben.
Auch ihr Verhältnis zum Konvent, der ihr früher oft
fremd und gleichgültig war, besserte sich. Sie nahm
mehr Anteil am Klosterleben und kam zu der Erkenntnis, »daß ich nach Frieden, Wahrheit, Minne nicht ge-
trachtet [hatte] wie ich sollte«.

Margareta brauchte keine der damals üblichen Selbstpei-
nigungsmethoden, um zu leiden, ihre Krankheit bereitete ihr
Qual genug und verschaffte ihr eine besondere Nähe zum Leiden Christi. In der Fastenzeit und vor allem in der Karwoche
erreichten ihre Schmerzen einen Höhepunkt. Das Kruzifix gewann eine überwältigende Bedeutung für sie. Wann immer sie
ein Kreuz in die Hände bekam, »küßte ich es so lang und oft
ich konnte und drückte es an mein Herz, so kräftig ich vermochte. Das trieb ich emsig, daß mich oft dünkte, ich könnte
lebend mich nicht trennen von also großer Gnade und über-
mächtiger Süßigkeit, die mir gewaltig eindrang in mein Herz
und alle meine Glieder«. Ständig trug sie ein Kreuz um den
Hals. Ein Büchlein mit dem Bild des Gekreuzigten legte sie
aufgeschlagen auf ihre Brust, beim Schlafen lag es unter ihren Kopf. Auch das große Kruzifix im Chor der Klosterkirche
hätte sie gern geküßt, konnte es aber nicht erreichen. Gott erfüllte ihr den Wunsch im Traum: Christus beugte sich zu der
vor ihm stehenden Nonne herunter »und bot mir sein geöffnet

Herz zum Kuße und tränkte mich mit seinem Blut daraus, und da empfing ich also kraftvoll große Gnade und Süßigkeit, die lange nachhielt«. Oder sie nahm ein großes Kreuz mit in ihr Bett, drückte es inbrünstig und mit aller Kraft an sich, so dass sie blaue Flecken davontrug, doch Margareta spürte keinen Schmerz, sondern »Lust und süße Gnade«.

Ähnlich erging es auch vielen anderen zeitgenössischen Mystikerinnen und Mystikern, die oft noch drastischere Maßnahmen ergriffen. Um Christus immer bei sich zu tragen, schnitten sie sich das Kreuz oder die Initialen des Heilands in die Brust. Und wie viele andere Mystikerinnen nahm auch Margareta die Metaphern und Symbole, die christliche Glaubensgeheimnisse in Bilder setzen, ganz wörtlich: Das Herzblut Christi, das für die Erlösung steht, strömte in ihrer Vorstellung wirklich und tränkte sie. Die *unio mystica*, die Vereinigung der Seele mit Gott, erfuhr sie physisch, als »Minnegriff« Jesu an ihr Herz. Margareta empfand die Gnade Gottes körperlich, und die Sprache, mit der sie ihre Gnadenerfahrungen schilderte, zeigt deutliche erotische Anklänge: »Ich habe oft so starke Gnadenkraft in meiner Begierde, daß ich gedenke, ich möchte von Begierde zu Begierde nicht mit dem Leben weiterkommen. So pochen mir ans Herz die allersüßesten Stöße mit aller Gnadenkraft und die allersüßeste Berührung, daß mich dünkt, es möchte von seiner ungestümen Minne sich mein Herz zerspalten und von seiner süßen Gnade möchte es zerfließen.« Die somatischen Begleiterscheinungen ihrer Ekstase lassen an einen Orgasmus denken.

Sie konnte diese Wonne auch selbst herbeiführen: In ihrem Herzen, so empfand sie, hatte sich »der süße Name Jesus Christus eingedrückt, in besonderer Weise und neuer Gnade innerer Berührung. Und wenn ich mich auf diese Stelle lege oder mit den Händen daran rühre oder darauf was lege oder drücke, empfinde ich so süße Gnade, die mir durch alle Glieder fährt und greift so stark ins Herz mir, daß ich kaum Atem mehr gewinnen kann und süßer Geschmack steigt auf durch meine Kehle in den Mund.«

Margareta, die Schweigsame, drängte es nun, zu reden, den Namen Jesu wieder und wieder auszusprechen, zu verkünden, dass er ihr wahrer und einziger Liebster sei. Ihre Gnadenerfahrungen hatten sich bisher im Verborgenen abgespielt. Sie hatte niemandem davon erzählt, nur ihr Seelenbruder Heinrich wusste davon, »denn mir war so wohl in Gottes Gnadenheimlichkeit«. Nun aber war Margaretas Zustand nicht mehr zu verbergen: Ihre ekstatischen Liebesbekenntnisse brachen sich laut und unaufhaltsam Bahn, bei Tag und bei Nacht. Margareta schickte nach ihrem Seelsorger, der an Ostern endlich zu ihr kam und ihr half, mit dieser neuen, überwältigenden Erfahrung umzugehen – und mit ihrer neuen Rolle, nun, da ihre Begnadung allen offenbar geworden war.

Die »Rede«, wie Margareta ihre ekstatischen Ausbrüche nannte, kam von nun an immer wieder, vor allem im Advent und in der Fastenzeit, oft ausgelöst durch die Nennung des Namens Christi in der Liturgie. Die Karwoche und mit ihr die Erinnerung an die Passion Christi löste oft stundenlanges Wehklagen bei ihr aus, dann wieder kam es zu lauten Aufwallungen jubelnder Freude, so dass man sie aus dem Chor führen und zu Bett bringen musste. Bis sie heiser wurde, schrie, stammelte, lallte sie den Namen Jesu – »oft bis tausendmal und noch darüber«. Dann wieder legte sich eine Stummheit auf sie, die sie als »gebundenes Schweigen« bezeichnete, und sie erkrankte so schwer, dass man um ihr Leben fürchtete. Doch in der Osternacht lösten sich die Krämpfe, sie konnte aufstehen und das Gloria mitsingen. Margareta war einem Schweige- und Redezwang unterworfen, über den sie keine Gewalt hatte.

Ihr himmlischer Bräutigam seinerseits sparte nicht mit überschwänglichen Liebeserklärungen. »Ich bin ein Gemahl deiner Seele«, versicherte er ihr. Sie sei ihm einer der liebsten Menschen auf Erden. Kraft seiner heiligen Minne werde er die größten Werke in ihr bewirken, die er je auf Erden mit jemandem bewirkt habe. Sie solle vernehmen, »was Auge nie sah und Ohr nie hörte, noch Menschenherz vernahm«, versprach er. Margareta hörte liebliche Stimmen, die sonst niemand hörte, roch Düfte, die sonst niemand roch, sie hatte Lichterscheinungen, und einmal glaubte

noch der tag etz du sprichst
ich waiß nit ob ich frod mit
im ie gepflag hie wil er ir
nit en lon

Die Seele, verkörpert in der Gestalt einer Braut, von Christus entblößt: Symbolisch gefasste Glaubensgeheimnisse wurden durchaus wörtlich genommen.

sie zu schweben. Sie fühlte die Schmerzen der Kreuzigung und der Dornenkrone Christi. Nur eine Begierde erfüllte Gott ihr nicht. Die Stigmata, die heiligen Wundmale Christi, die sie so gern an ihrem Leib getragen hätte, die blieben ihr versagt.

Seit 1344 führte Margareta Buch über ihre Gnadenerfahrungen. Ursprünglich war sie davon ausgegangen, Heinrich von Nördlingen würde für sie schreiben, doch Heinrich lebte im Exil in Basel und konnte sie in den zehn Jahren seiner Abwesenheit nur viermal besuchen. Anders als Margareta, deren Loyalität Kaiser Ludwig als dem Schutzherrn des Klosters galt, war Heinrich papsttreu und damit in den kaiserlichen Ländern verfolgt. In Basel fand er Unterschlupf und Auskommen. Er lernte berühmte Geistliche kennen wie Johannes Tauler, der aus Straßburg geflohen war, und Heinrich Seuse, mit dem er sich jedoch überwarf. Heinrich von Nördlingen war, wie man heute sagen würde, bestens vernetzt: Er stand in Kontakt zu einer Gruppe mystisch inspirierter Geistlicher und Laien am Oberrhein, die sich die »Gottesfreunde« nannten, ebenso zu einigen Dominikanerinnenkonventen. Er beteiligte sich auch an einer Übersetzung des »Fließenden Lichts der Gottheit« der Begine Mechthild von Magdeburg aus dem Niederdeutschen ins Alemannische. Eine Abschrift sandte er an Margareta, mit der Bitte, »welche Worte ihr nicht versteht, die zeichnet auf und schreibt mir, dann verdeutsch' ich es euch, denn es wurde uns in einem gar fremden Deutsch geliehen, und wir hatten wohl zwei Jahre Arbeit und Mühe, ehe wir's ein wenig in unser Deutsch brachten«.

So sehr Margareta ihren Seelenfreund vermisste – die Nachwelt verdankt seiner Abwesenheit die älteste deutschsprachige Sammlung persönlicher, in vertraulichem Ton gehaltener Briefe. Von Margareta ist nur einer überliefert, von Heinrich dagegen über 50. Er schickte den Medinger Nonnen Erbauungsliteratur. Auch Geschenke gingen hin und her: Kerzen, Lebkuchen, ein silberner Löffel, ein Töpfchen Senf, Arznei und eine Aderlassbinde. Einmal bat Heinrich um Margaretas Schlafrock im Austausch gegen seinen und schob im folgenden Brief die Begründung nach: »Ich begehr von der Berührung deines keuschen heiligen Rockes geheiligt zu werden an Leib und Seel.« Den Rock trug er viele Jahre.

1345 hielt er den ersten Teil ihrer »heiligen Geschrift« in Händen und dankte ihr überschwänglich. »Was soll ich dir schreiben? Dein Gott redender Mund machet mich redenlos.« Er machte Margaretas Offenbarungen unter den Gottesfreunden publik und ermunterte sie zu weiteren Aufzeichnungen. Margareta war seine Entdeckung, und darauf war er nicht wenig stolz. Gegenüber der ungestüm verehrten Mystikerin gab sich Heinrich klein und hässlich. Er stilisierte sie zur »hoch geborenen Tochter des Himmelskönigs« und pries sie mit hymnischen Ausdrücken aus der Marienlyrik, sich selbst nannte er ein »armes Küchenbüblein«, »ein verworfenes Würmlein« und meinte, »daß ich deiner tausend Mal mehr bedarf als du meiner«. An Heinrich zehrten die Strapazen des Exils, er fühlte sich halt- und heimatlos und klagte der »allergetreuesten Nothelferin meiner Seele auf Erden« sein Leid. Margareta, die er »Mutter« und »Schwester« nannte, wurde Halt und Stütze für den Heimatlosen.

Zu Weihnachten 1344, kurz nachdem sie ihr Offenbarungsbuch begonnen hatte, bekam Margareta, wahrscheinlich von Heinrich, eine hölzerne Christkindfigur in einer Krippe mit vier goldenen Engeln geschenkt. Nun überkam sie »allergrößtes Gelüsten nach der Kindheit unsers Herrn«. Und Jesus, der wohlgefällig auf ihre Schreibtätigkeit blickte, versprach ihr, »daß er mir in der heiligen Zeit seiner Geburt mehr Gnaden schenken wolle als zuvor«. Das hölzerne Jesuskind verlangte, gesäugt zu werden. Margareta gehorchte, nahm die Figur aus der Wiege, legte sie »mit großer Lust und Süßigkeit« an ihre Brust und empfand »die allerkräftigste Gnade«. Auch die geistliche Deutung des sinnlichen Geschehens notierte sie: »Aber meine Begierde und Lust ist in dem Säugen, daß ich aus seiner lautern Menschheit gereinigt werde, und mit seiner inbrünstigen Minne aus ihm entzündet werde und ich mit seiner Gegenwärtigkeit und mit seiner süßen Gnade durchgossen werde, daß ich damit gezogen werde in den wahren Genuß seines göttlichen Wesens mit allen minnenden Seelen, die in der Wahrheit gelebt haben.«

Für die Nonne, die inzwischen das Großmutteralter erreicht hatte, begann eine wunderbare Gemeinschaft mit dem Jesuskind. Eines Nachts träumte sie, dass es in der Wiege spielte. Warum bist du nicht brav und lässt mich schlafen, fragte sie es. »Ich will dich nicht schlafen lassen, du mußt mich zu dir nehmen«, verlangte das hölzerne Jesulein. Margareta nahm es auf den Schoß, da wurde es ein leibhaftiges Kind. »Küsse mich, so will ich es vergessen, daß du mir die Ruh genommen hast«, sagte Margareta, da legte das Kind ihr die Arme um den Hals und küsste sie. Ein anderes Mal, als sie die hölzerne Figur inbrünstig an ihre Brust drückte, spürte sie die menschliche Berührung seines Mundes an ihrem bloßen Herzen.

Wann immer es ihr erschien, beantwortete das Jesuskind bereitwillig Margaretas Fragen: Wie es denn »zier und fügig« in Marias Schoß eingegangen sei und wie denn seine Geburt vor sich ging? Selbstverständlich schmerzlos, nach den Vorstellungen des Mittelalters. Und seine »heilige Beschneidung«? Die tat weh: »Josef hob mich empor, denn meine Mutter vermochte es nicht zu tun vor Schmerzen, die sie empfand. Sie weinte auch gar bitterlich und auch ich weinte und verspürte große Schmerzen und vergoß viel Blut. Danach nahm mich meine Mutter zu sich mit großer Minne und brachte mich zum Schweigen.« Und ob es denn wahr sei, dass der heilige Josef es in seine Hosen gewickelt habe? »Denn«, meinte Margareta, »das war mir allzeit zuwider.« Worauf das Jesukind pragmatisch antwortete, der heilige Josef habe eben genommen, was er gehabt habe. Und ob es denn tatsächlich einen der drei Könige an den Haaren gezogen habe?

Margareta nutzte ihren Kontakt zu Jesus aber auch, um nach dem Willen Gottes zu fragen »inmitten dieser Irrsal unsrer Christenheit«, dem Streit zwischen Kaiser Ludwig und dem Papst. Doch darauf bekam sie nur den mageren Bescheid, »daß der Menschen Sünden und Gebrechen dies bewirkten«. Aber das Jesuskind versicherte ihr, dass es Ludwig, für den Margareta nie aufhörte zu beten, weder im Diesseits noch im Jenseits verlassen werde. Im Herbst 1347 – Heinrich von Nördlingen war gerade zu Besuch – erreichte sie die Nachricht vom Tod Kaiser Ludwigs, und sie erfuhr alsbald, dass er auf die ewige Seligkeit hoffen dürfe.

Mit den Jahren hatte sich Margaretas Stellung im Konvent verändert. Aus der anstrengenden, abweisenden Kranken, deren Pflege die Mitschwestern belastete, aus der Nonne, die isoliert in ihrer Gnadenwelt anstatt in der Gemeinschaft des Konvents lebte, war eine verehrte Mitschwester und eine Zierde des Klosters geworden. Denn Margaretas Offenbarungen gereichten ihm

Nächste Doppelseite: Das 1755 entstandene Deckenfresko des Malers Vitus Felix Rigl in der Ebnerkapelle der Klosterkirche Maria Medingen zeigt die Lebensstationen der Mystikerin. Fresko und Kapelle wurden im Juli 2015 bei einem Brand zerstört.

zur Ehre und machten es berühmt. Margareta korrespondierte mit den Gottesfreunden und empfing gelegentlich Besuch von ihnen am Sprechgitter, auch der Mystiker Johannes Tauler soll zweimal bei ihr in Medingen gewesen sein. Heinrich von Nördlingen kehrte Ende der 1340er-Jahre aus dem Exil zurück, konnte aber, wie so viele Exilanten, in der Heimat nicht mehr Fuß fassen.

Er führte ein unstetes Leben als Wanderprediger, bis sich seine Spur im Jahr 1351 verlor. Anfang 1350 und dann noch einmal im Mai desselben Jahres kam er nach Medingen. Margareta erwartete damals ihren baldigen Tod und sehnte sich »heim«, ins ewige Leben. Sie starb am 20. Juni 1351 im Alter von etwa 60 Jahren. 1979 wurde sie von Papst Johannes Paul II. seliggesprochen.

*»Da wurde ihr befohlen, daß sie künftig
ohne jede leibliche, natürliche Speise sein sollte«*

Eine Heilige wird gemacht: Elsbeth Achler, die Gute Beth von Reute

Auf den ersten Blick hat man es mit einem ganz alltäglichen Vorgang zu tun. Die Gründung einer Frauenklause dicht bei einer Dorfpfarrkirche war um die Wende vom 14. zum 15. Jahrhundert in Oberschwaben gang und gäbe. Der zweite Blick aber zeigt, dass der Initiator einen ganz besonderen Zweck verfolgte. Der Waldseer Augustinerchorherr Konrad Kügelin (1367–1428) wollte sein Lieblingsbeichtkind sicher vor dem Getriebe des Stadtlebens in der Einsamkeit bergen. In der Webertochter Elsbeth Achler sah er eine angehende Heilige, und dieses Potenzial – wie man heute sagen würde – wollte er entwickeln. Elsbeth enttäuschte ihn nicht, und als sie an ihrem 34. Geburtstag das Zeitliche segnete, begann der inzwischen zum Propst seines Stiftes avancierte Kügelin zügig, die Heiligsprechung seines Schützlings zu betreiben. Er reichte beim Konstanzer Bischof die Lebensgeschichte Elsbeth Achlers ein, worin auch seine eigene Rolle als geistlicher Führer nicht zu kurz kam.

Waldsee zählte Ende des 14. Jahrhunderts an die 600 Seelen. Man lebte vom Leinen. Tuchherstellung und Tuchhandel brachten wachsenden Wohlstand in die aufstrebende Stadt. Auch für Elsbeths Eltern. Hans Achler war ein ehrbarer Leineweber, mit eigenem Haus

Gegenüberliegende Seite: Elsbeth Achler, die Gute Beth von Reute – schon zu Lebzeiten und lange vor ihrer Seligsprechung im Jahr 1766 wurde sie wie eine Heilige verehrt.

und Hof, mit Knechten und Mägden. Über Elsbeths Mutter Anna berichtet Kügelin nur, dass sie später, als Witwe, in seine Klause in Reute eintrat und dort ein frommes Leben als Büßerin führte. Elsbeth kam am 25. November 1386 zur Welt und wuchs mit mehreren Geschwistern auf. Sie spielte mit ihren Puppen Mutter-und-Kind, nähte ihnen Kleider aus Stoffresten. Sich selbst klebte sie Kletten an den Rock und stellte sich vor, es seien Gold- und Silberknöpfe. Schlimmere »Sünden« hatte sie nicht zu bekennen, als sie zu Konrad Kügelin in die Beichte kam, der als Chorherr des Augustinerstifts für die Pfarrseelsorge zuständig war. Sofort erkannte er, welchen Schatz ihm der Heilige Geist in den Beichtstuhl geschickt hatte. Die herzensreine 14-Jährige verkörperte sein Frömmigkeitsideal so makellos, dass er sie für seine Sache gewinnen musste.

Um die Kirche stand es damals nicht gut. Seit 1378 erhoben mehrere Päpste Anspruch auf den Stuhl Petri. Es gab einen Papst in Rom und einen Gegenpapst in Avignon. Auch in der Diözese Konstanz wurden in den 1380er-Jahren jeweils zwei Bischöfe gewählt, der eine war Rom, der andere Avignon untertan. Die Kirchenspaltung hatte nicht nur zu großer Verunsicherung, sondern auch zu einem Ansehensverlust der Kirche geführt. Der Wunsch, die Kirche »an Haupt und Gliedern« reformiert zu sehen, bewegte damals viele. Sie sollte zu ihren alten Idealen der Armut und der Nächstenliebe zurückkehren. Der Klerus sollte sich mehr um das Seelenheil der Gläubigen als um Macht und einträgliche Pfründen kümmern. Die Gläubigen sollten ihre Religion ernster nehmen und sie in ihrem Alltag leben. Was wäre ihnen da ein besserer Ansporn als eine Heilige aus ihrer Mitte? Und Elsbeth hatte, in Kügelins Augen, das Zeug dazu. Er forderte sein Beichtkind auf, der Welt zu entsagen, und regte an, sich einem Orden anzuschließen. Der Gedanke gefiel Elsbeth. Ihren Eltern weniger. Denn Elsbeth war nicht nur ein frommes, sondern auch ein schönes, allseits beliebtes Mädchen, und Anna und Hans Achler mochten sich eine andere Zukunft für ihre Tochter ausgemalt haben als deren Verschwinden in einem Kloster.

Kügelins seelsorgerische Bemühungen fielen bei Elsbeth auf fruchtbareren Boden als bei seinen anderen Beichtkindern. Schon bald wollte sie dem dritten Orden des heiligen Franziskus beitreten. Sie wurde nach Brauch und Sitte in der Stiftskirche feierlich eingekleidet und trug nun die Tracht der Terziarinnen, wohnte aber weiterhin bei ihren Eltern, die vielleicht immer noch hofften, dass sie sich die Sache mit dem Kloster doch noch anders überlegen werde. Genau das aber wollte Kügelin verhindern. Er fürchtete auch, dass die rauen Sitten des Hausgesindes Elsbeth von ihrem Tugendpfad abbringen könnten, und stellte sie vor eine Entscheidung: Gott oder das Elternhaus. Die Bibel hatte er dabei auf seiner Seite. Im Matthäus-Evangelium (10,37) sagt Jesus: »Wer Vater oder Mutter mehr liebt als mich, der ist mein nicht wert.«

Das wusste auch Elsbeth. Sie brach mit ihren Eltern, die versagten ihr ihren Segen und jegliche Unterstützung. Kügelin brachte Elsbeth bei einer Begine unter, einer Weberin, die Elsbeth als Lehrtochter annahm. Es folgten drei Jahre harter Prüfungen. Elsbeth lernte zwar schnell und stellte sich geschickt an, aber der Teufel, der nicht zum letzten Mal in ihrer Geschichte seine Hand im Spiel hatte, pfuschte ihr ins Handwerk. Er zerriss die Fäden ihres Gewebes, so dass sie halbe Tage damit verbrachte, die Fäden wieder zusammenzuknüpfen. Und die Armut war drückend. Die Zünfte hatten die Frauen damals in wenig lukrative Randbereiche abgedrängt. Selbständige Weberinnen durften allenfalls noch Schleier und Halbtuch weben, so dass alleinstehende Frauen kaum von ihrer Arbeit existieren konnten. Manchmal war der Hunger so schlimm, dass Elsbeth den Boden nach liegengebliebenem Hühner- und Katzenfutter absuchte.

Kügelin wusste damals nichts von der Not seines Schützlings. Er fürchtete vielmehr, dass die mittlerweile 16-jährige Elsbeth durch Arbeit und Pflichten zu sehr ins umtriebige Stadtleben eingebunden würde, um auf ihrem spirituellen Weg voranzukommen. Es mochte auch eine Rolle gespielt haben, dass Beginen, zumal solche, die in unregulierten Gemeinschaften oder allein lebten, von der kirchlichen Obrigkeit nicht gern gesehen oder sogar verfolgt wurden. Also plante Kügelin die Gründung einer Klause im nahen Reute, die in den dritten Orden des heiligen Franziskus eingegliedert werden sollte.

Das Dorf lag eine Wegstunde von Waldsee entfernt auf der Höhe. Es gehörte zum Einzugsbereich des Chorherrenstifts,

das neben der Kirche einige Grundstücke besaß. Kügelin war als Pfarrer für die Seelsorge zuständig. Dort sollten Elsbeth und einige weitere Laienschwestern, die bisher einzeln oder zu zweit in der Stadt gelebt hatten, sich in klösterlicher Abgeschiedenheit dem Gebet und der Kontemplation widmen. Geld war keines da, aber Kügelin fand eine Lösung, wie sie damals in Oberschwaben gängig war und von der nicht nur die Schwestern etwas hatten. Der Stiftspropst stellte das Grundstück zur Verfügung und schrieb Bettelbriefe an die Pfarrherren und den Adel der Umgebung. In Waldsee wurde am Heiligen Abend 1402 eine Spendensammlung veranstaltet. Auch der Stadtherr, der Truchsess von Waldburg, ließ sich nicht lumpen. 1402/03 wurde mit dem Bau begonnen. Das Konventsgebäude bekam direkten Zugang zu einem Bet-Raum auf der Empore, damit die Schwestern getrennt von den übrigen Gläubigen am Gottesdienst teilnehmen konnten und ihre Klausur gewahrt blieb. So wurde die Dorfkirche auch als Klosterkirche genutzt. Und der Dorfpfarrer, Konrad Kügelin, war gleichzeitig Seelsorger für die Klausnerinnen. Das Chorherrenstift profitierte von den Dienstleistungen der Schwestern für die Kirchengemeinde: Sie nähten und bestickten Altartücher und Messgewänder, zogen Kerzen, backten Hostien, putzten und schmückten die Kirche, verteilten Almosen, pflegten Kranke, betreuten Sterbende. Im September 1407 legte der Waldseer Propst im Stiftungsbrief die Statuten für den kleinen Konvent fest. Nominell understand dieser zwar dem Franziskanerorden, tatsächlich aber lag die Leitung in den Händen von Konrad Kügelin.

Gegenüberliegende Seite: Mentor, Beichtvater und Biograph – der Augustinerchorherr Konrad Kügelin, in einem von Elsbeth selbst gewebten Chorrock. Das Bildnis aus dem frühen 18. Jahrhundert von einem unbekannten Künstler ist vermutlich die Kopie eines älteren Porträts aus dem Waldseer Stift.

Noch ehe der Bau ganz fertig war, zogen die Schwestern ein. Mutter, das heißt Vorsteherin, wurde Margareta Batzer. Es war ein armer Konvent, der sich nicht selbst erhalten konnte. Also verfügte Kügelin, dass zwei der jüngeren Schwestern über Land zum Betteln ausgeschickt wurden. Sie brachten auch die Textilerzeugnisse, die in der Klause hergestellt wurden, unter die Leute und erledigten, was es an weltlichen Angelegenheiten zu regeln gab. Elsbeth und die beiden älteren Schwestern blieben in der Klausur. Denn Elsbeth war nicht nur hübsch und wohlgefällig anzusehen, sondern, wie Kügelin meinte, für ihre 17 Jahre noch recht kindlich-naiv, und er hatte die Klause ja nicht gegründet, damit Elsbeth wieder »in die Welt« hinausmusste. Also teilte er ihr den Küchendienst zu. Elsbeth versah ihn zwei Jahre lang frohgemut – und wurde mit einem damals häufigen Wunder belohnt. Einmal kam ein Bettler ans Tor, und kaum dass Elsbeth ihm ein Stück Brot gereicht hatte, war er auch schon wieder verschwunden. Es müsse Jesus gewesen sein, folgerte Kügelin.

Durch Buße und Gebete geläutert, empfing Elsbeth schließlich eine göttliche Eingebung: Es »wurde ihr geboten durch eine

Eingebung des Heiligen Geistes, daß sie künftig ohne leibliche, natürliche Speise sein sollte«. Kügelin berichtet, sie habe ihn rufen lassen und gefragt, ob es denn möglich sei, so ganz ohne Nahrung auszukommen. Darüber hatte Kügelin noch nicht nachgedacht und holte nun selbst Rat ein. Eine gottesfürchtige Klausnerin in Warthausen meinte, bei Gott sei kein Ding unmöglich, Elsbeth möge es getrost versuchen. Drei Jahre lang nahm Elsbeth nun nichts anderes mehr zu sich als die Hostie bei der Kommunion. Dann aber – sie war schwer krank – drängte die Mutter Batzerin sie, doch etwas Gerstenmus zu essen, damit sie wieder zu Kräften komme. Elsbeth »erkannte« jedoch, dass es der Teufel in Gestalt der Oberin war, der sie in Versuchung führte, und lehnte ab.

Es gab im Mittelalter immer wieder Menschen – meist Frauen, meist Mystikerinnen –, von denen man glaubte, dass sie ohne Nahrung auskämen. Die Bekannteste unter ihnen war die Dominikanerin Katharina von Siena (1347–1380). Ihre 1395 vollendete Vita erfreute sich großer Verbreitung in Europa. Wiewohl erst 1461 heiliggesprochen, wurde Katharina schon zu Lebzeiten wie eine Heilige verehrt. Viele Jahre lebte sie ohne Nahrung. Ihr Biograph und Beichtvater Raimund von Capua hatte auch eine Erklärung für das wunderbare Phänomen: Nach der Kommunion fühlte Katharina, wie eine solche Fülle an Gnaden und Tröstungen ihr Herz überflutete, »daß das Übermaß auch den Leib überströmte und die Tätigkeit der Körpersäfte derart beeinflußte und die natürliche Beschaffenheit des Magens so sehr veränderte, daß der Genuß einer irdischen Speise nicht nur nicht notwendig war, sondern nicht einmal ohne körperlichen Schmerz stattfinden konnte. Wenn sie sich zum Essen zwang, geschah es unter größter Qual des Leibes«. Dieses Extremfasten war nach Auffassung der Zeitgenossen keine asketische Leistung, die auf einem Willensakt beruhte, sondern eine Gabe Gottes. Damit zeigte er seine Gnade und drückte seine Verbundenheit mit der Mystikerin aus. Die *inedia prodigiosa* (wundersame Nahrungslosigkeit) war somit ein körperliches Zeichen von Gottesnähe und Heiligkeit. Am deutlichsten verkörperte Katharina von Siena den Typus der »heiligen Frau«, der sich im Spätmittelalter etabliert hatte. Sie empfing Offenbarungen, erlebte Ekstasen und Visionen, sie besaß die Gabe der Prophetie, ihr Leib trug die Wundmale Christi, und sie nahm keine andere Nahrung als die Hostie zu sich, die sie, anders als damals üblich, jeden Tag empfing.

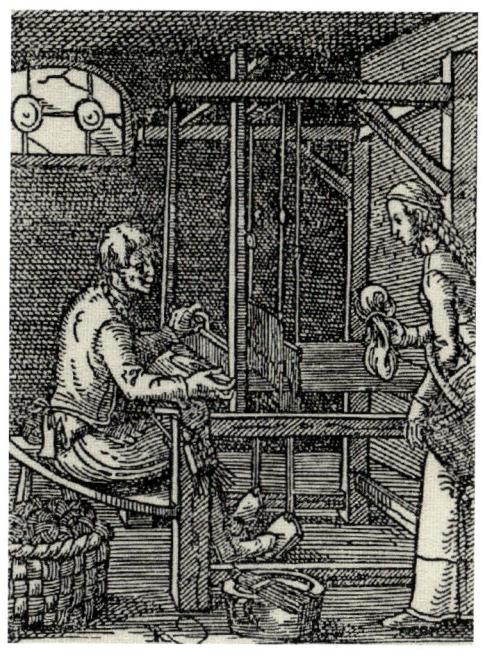

Wie Katharina, so erging es nun auch Elsbeth. Und wie Katharina hatte sie mit dem Misstrauen ihrer Umgebung zu kämpfen. Elsbeths Mitschwestern nahmen ihr das Fastenwunder nicht ab, sie fanden Essen unter ihrer Bettdecke und schimpften: »Seht doch, wie diese Heuchlerin die Welt täuscht, daß sie nichts esse und nichts essen könne. Aber wo sie Brot und Fleisch und andere Speise findet, da stiehlt sie sie und ißt sich heimlich satt. Da muß man sich nicht wundern, daß sie öffentlich nichts ißt.« Wundern muss man sich auch nicht, dass sich der Unmut der Schwestern gegen ihre privilegierte Mitschwester richtete. Allzu deutlich ragte sie aus der Gemeinschaft heraus. Und dass Kügelin ihr von jeher seine besondere Aufmerksamkeit zugewandt hatte, mochte zu heimlichem Groll geführt haben. Zwar hatte Elsbeth dienstbeflissen zwei Jahre lang in der Küche gewirtschaftet, nachdem sie nun aber wundersamerweise nicht mehr essen konnte und oft das Bett hüten musste, fiel ihre Arbeit den anderen zu.

Nur Kügelin und Mutter Batzerin glaubten weiterhin unerschütterlich an Elsbeth. Zur Erklärung bot sich (so wie schon

Elsbeth stammte aus einer angesehenen Leineweberfamilie. Ihre Eltern hatten andere Pläne mit ihr und verstießen sie, als sie sich für ein Leben im Kloster entschied. Darstellung eines Webers aus Jost Ammans »Ständebuch« von 1568.

für Katharina von Siena und ihren Biographen) der Teufel an. Hatte er nicht schon einmal, in Gestalt der Oberin, Elsbeth zum Essen verleiten wollen? Da sie ihm nicht auf den Leim gegangen war, nahm der Böse nun Elsbeths Gestalt an, um die anderen irre an ihr werden zu lassen. Er stahl Essen und versteckte es unter ihrer Bettdecke. Und damit nicht genug. Weil Elsbeth nichts aß, konnte sie auch keinen Stuhlgang mehr haben. Da habe nun, berichtet Kügelin, der Böse menschlichen Kot in die Klause geschmuggelt, der gehörig nach Harz und Schwefel stank, und ihn in verschiedenen Geschirren versteckt, so dass die Mitschwestern immer argwöhnischer wurden. Kügelin selbst wollte mehrmals gesehen haben, dass der Teufel Elsbeth schlug. Und wenn sie allein in ihrer Schlafkammer war, sperrte der Böse die Tür von innen ab, packte Elsbeth an den Haaren, stieß sie hin und her, schlug und biss sie, so dass man die Wunden an ihr sehen konnte. Einmal habe er, Kügelin, sogar die Tür aufbrechen müssen, um ihr zu Hilfe zu kommen.

Aus heutiger Sicht könnte man eine Persönlichkeitsspaltung dahinter vermuten. Für das gestohlene Fleisch, das Brot und die Bohnen, das heimliche Essen wird eine ich-fremde Wesenheit verantwortlich gemacht. Für Elsbeth und ihre Zeitgenossen bot sich dafür der Teufel an. Denn wie übel der Böse mit Gott wohlgefälligen Menschen umsprang, war hinlänglich bekannt zu einer Zeit, in der der Teufel so real war wie Papst und Kaiser. In seinem heiligen Ehrgeiz wird Kügelin sich bereitwillig auf den frommen (Selbst-)Betrug zur größeren Ehre Gottes eingelassen haben.

Gerne hielt Kügelin seine Klausnerinnen dazu an, sich das Leiden Christi zu vergegenwärtigen. Bei Elsbeth fiel das auf besonders fruchtbaren Boden. »Wenn sie spann, so betrachtete sie, wie ihr liebster Gemahl Jesus Christus von den grausamen Juden frevelhaft an den Locken und dem Haar seines heiligen Hauptes gezogen wurde. Wenn sie Holz trug für die Küche, so betrachtete sie, wie Jesus Christus, von allen seinen Freunden verlassen, das Kreuzesholz zum Kalvarienberg trug. Und so führten alle ihre Tätigkeiten sie ins Leiden Christi.« Schließlich identifizierte sie sich derart mit dem leidenden Erlöser, dass ihr fast das Herz brach vor Schmerzen und aus ihrer linken Seite das Blut herausströmte, »wie Wasser aus einem Brunnen quillt«. Auch ihre rechte Körperseite brach auf und begann heftig zu bluten. Und sie bekam Löcher »an Händen und Füßen, als wären sie mit Nägeln durchbohrt. Ich habe auch in ihrem Haupt Löcher gesehen, als ob man eine Dornenkrone hineingedrückt hätte. Danach war ihr ganzer Leib vom Scheitel bis zu den Fersen voller Blut, als ob man sie mit Ruten geschlagen hätte wie Christus«. Kügelin sah die Wundmale mit eigenen Augen, wenn er und Mutter Batzerin Elsbeth wuschen. Und er führte eine ganze Reihe weiterer Augenzeugen auf: nicht nur die Mitschwestern, sondern auch viele Menschen aus allen Schichten der Gesellschaft.

Die Stigmata, die »Minnezeichen Christi«, die Margareta Ebner sich vergebens ersehnt hatte – Elsbeth Achler durfte sie tragen. Dieses erhabene Charisma (Gnadengabe) hatte jedoch auch einen recht profanen Aspekt: Es machte eine Menge Arbeit, die blutigen Kleider und das Bettzeug zu waschen. Zwar floss in der Nähe der Klause ein Bach vorbei, aber die Leute redeten: Wozu brauchten die Schwestern dieses viele Wasser? Auch hätte Kügelin den Klausnerinnen gern die Mühe des Wassertragens erspart, also fragte er Elsbeth: »Glaubst du, es sei möglich, hier gleich bei der Klause, einen Brunnen zu graben?« Und Elsbeth zeigte ihm eine Stelle im Garten. Dort und nirgends sonst sollten sie graben. Sogleich stellte Kügelin Arbeiter ein, um einen Brunnen auszuschachten, obwohl es mitten im Winter war, und sechs Wochen später verfügte die Klause über gutes, klares Wasser. Während der Bautätigkeit ereignete sich wiederum ein Wunder. Niemand hatte Zeit, der krank darniederliegenden Elsbeth das Bett zu richten. Als die Mitschwestern schließlich nach ihr sahen, fanden sie Elsbeth trotzdem wohlversorgt vor. Engel seien gekommen, erzählte sie, und hätten sie sanft und behutsam gebettet.

Um die Heiligkeit seines Beichtkindes zu beglaubigen, berichtet Kügelin von weiteren Zeichen und Wundern: Einmal kam ihm

bei einem Feiertagsgottesdienst eine Hostie abhanden, als er zu den Schwestern auf die Empore stieg. Kügelin erschrak bis ins Mark, denn die Lehre der Transsubstantiation besagt, dass sich in der Wandlung die Hostie in den Leib und der Wein sich in das Blut Christi verwandle. Fieberhaft – und vergebens – suchte Kügelin die Hostie. Dann ging er zu Elsbeth, die krank zu Bett lag, um ihr seine Not zu klagen und Rat bei ihr zu holen. Sie lachte ihm vergnügt entgegen, sie wisse schon, warum er komme, und klärte ihn auf, dass Jesus bei ihr gewesen sei und ihr das heilige Sakrament selbst gebracht habe. Eine ganz ähnliche Szene findet sich auch in der Lebensbeschreibung Katharinas von Siena. Und wenn Elsbeth die Kommunion in der Kirche empfing, beobachtete Kügelin, dass ihre Füße den Boden nicht mehr berührten. Wie die Nahrungslosigkeit, so galt auch das Schweben als Zeichen der Vergeistigung, als Merkmal der Heiligkeit, ebenso wie die Unverweslichkeit des Leibes, die sich erweisen sollte, als man im Jahr 1623 Elsbeths Grab öffnete.

Gegenüberliegende Seite: Wie ihr Vorbild Katharina von Siena trug auch Elsbeth Achler die Wundmale Christi.

Die lebende Elsbeth hatte sich mit den Jahren sehr verändert. Vom Beichtkind, das sich fügsam Kügelins geistlicher Leitung unterstellte, hatten sie sich zur hoch verehrten Charismatikerin entfaltet, deren Ausstrahlung sich, auch dank Kügelins tatkräftiger Mithilfe, rasch verbreitete. Es mochte auch ein weiteres Wunder seinen Anteil daran gehabt haben: Während Elsbeth in der Klause in Reute die Leiden Christi in ihrem Alltag nachvollzog, tagte im nahen Konstanz das Konzil. König Sigismund hatte es einberufen, um die Christenheit wieder unter einem Papst zu vereinen. Als sich die Bischöfe und Kardinäle aus vielen Nationen im November 1414 in Konstanz versammelten, gab es nicht weniger als drei Päpste. Nach drei Jahren des Verhandelns sahen die Gläubigen ihre Hoffnung auf eine Änderung dahinschwinden. Doch dann prophezeite Elsbeth, dass die Christenheit am Tag des heiligen Martin einen neuen Papst bekommen werde. Und so geschah es. Am 11. November 1417 einigte sich das Konzil auf Kardinal Odo Colonna, der als Papst den Namen Martin V. annahm.

Wie viele andere Mystikerinnen, so erfuhr auch Elsbeth Zeiten der Ekstase und Entrückung, vor allem seit sie die Wundmale Christi am Körper trug. Zwei, drei Tage lang lag sie dann reg- und besinnungslos da. Ob sich ihr Geist dabei in ihrem Leib befände oder womöglich im Himmel, darüber wollte sich Kügelin kein Urteil erlauben, denn »das weiß nur Gott«. Wenn Elsbeth wieder zu sich kam, war es, als sei sie von den Toten auferstanden. Sie hatte ein schönes, liebliches Antlitz und sah aus, »als wäre sie mit feiner Speise bewirtet worden«. Sie berichtete Kügelin von Dingen, die alles mit Menschenvernunft zu Ermessende überstiegen. Doch die Rückkehr aus dieser Herrlichkeit, die Wiedervereinigung des beglückten Geistes mit dem kranken Leib, geschah unter bitteren Schmerzen, so dass ihr, was Kügelin wiederum als Augenzeuge bestätigte, blutiger Schweiß aus allen Gliedern drang. Ihre Visionen führten sie aber auch viele Stunden lang ins Fegefeuer. Dann schwitzte sie, dass ihre Kleider und Betttücher so nass wurden, als hätte man sie durch einen Bach gezogen. Die Armen Seelen, die ihr begegneten, schrien mit heiseren, grausigen Stimmen »Oh weh, oh weh!« und baten, dass Elsbeth eine Messe für sie lesen lasse. Andere wollten, dass sie mit ihnen ins Fegefeuer hinabfahre.

Als Elsbeth am 25. November 1420, ihrem 34. Geburtstag, starb, war Kügelin bei ihr. Sie verlangte, dass alle Schwestern gerufen und Kerzen angezündet werden sollten. Auf ihre Bitte las Kügelin ihr die Leidensgeschichte Christi vor. Als er an die Stelle kam, da Jesus das Haupt neigt und seinen Geist aufgibt, wusste Elsbeth, was von ihr erwartet wurde. Sie bat um einen Schluck geweihten Johanneswein, trank und starb mit gefalteten Händen.

Ohne Zweifel war Kügelin von der Heiligkeit seiner Beichttochter überzeugt. Er schrieb Elsbeths Lebensgeschichte nieder und schickte sie an den Bischof von Konstanz. Sein sachlich gehaltener Augenzeugenbericht sollte aber nicht darüber hinwegtäuschen, dass er für sein Anliegen brannte: die Heiligsprechung einer jungen Frau aus der Region, die – modern gesprochen – keine Lobby hatte, keinen mächtigen Orden, der sich

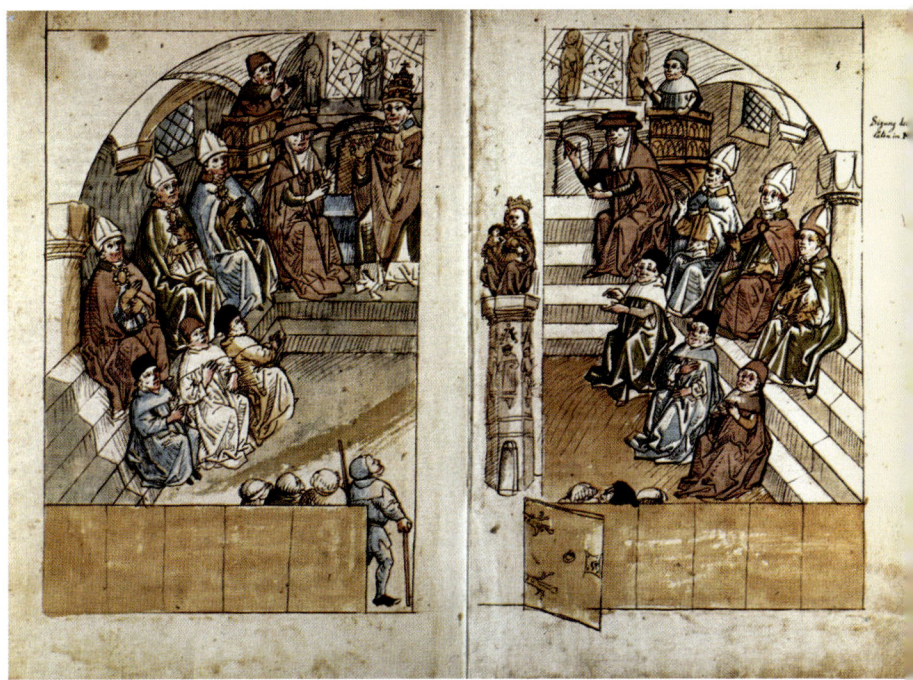

dafür starkmachte. Aber Kügelin hatte eine Strategie. Er formte Elsbeths Leben nach dem der Katharina von Siena, die alle Merkmale weiblicher Heiligkeit verkörperte wie keine andere und zudem die Leitfigur der kirchlichen Erneuerungsbewegung war, für die auch Kügelin sich einsetzte.

Für den Konstanzer Bischof schrieb Kügelin in der Kirchensprache Latein. Doch schon zu Fronleichnam 1421, ein halbes Jahr nach Elsbeths Tod, lag eine deutsche Übersetzung vor, die Kügelin später wiederholt überarbeitete und erweiterte. Denn das Volk, die einfachen Leute, sollten sich das heiligmäßige Leben der frommen Jungfrau aus ihrer Mitte zum Vorbild nehmen. Elsbeths Vita wurde vielfach abgeschrieben und weit verbreitet, so dass die Gute Beth von Reute lange vor ihrer Seligsprechung im Jahr 1766 in ganz Oberschwaben als Volksheilige verehrt wurde.

Von 1414–1418 tagte das Konzil im nahe gelegenen Konstanz. Elsbeth sagte die Wahl des neuen Papstes voraus. Das Motiv zeigt eine Konzilssitzung im Münster aus der Chronik des Ulrich Richental.

Ein Kloster wird belagert:
Die Kirchheimer Chronik
der Magdalena Kremer

Im ausgehenden Mittelalter entfernten sich viele Klöster von den Idealen ihrer Gründer. Konvente, die sich noch an ihre ursprünglichen Ordensregeln hielten, waren eher die Ausnahme als die Regel. Schon lange schwelte der Streit um die Armutsfrage. Die »Spiritualen« lehnten jegliches Eigentum, auch seitens des Klosters, ab und forderten die strenge Beachtung der alten Ordensregeln. Die »Konventualen« akzeptierten Konventsbesitz und sogar persönliches Eigentum der Ordensleute. Wer zu Beginn des 15. Jahrhunderts in ein Kloster eintrat, sah keinem Leben in strenger Klausur und Askese entgegen, sondern konnte innerhalb des Klosters eigene Räume bewohnen und Dienstboten beschäftigen, durfte über persönlichen Besitz, Schmuck und eigenen Hausrat verfügen. Das Nonnenleben hatte sich vielerorts der Lebensweise in den adlig geprägten Damenstiften angeglichen, auch bei den Bettelorden. Die Klosterfrauen empfingen Besuch und gingen auf Reisen. Es wurde gut gegessen und getrunken. Und gefeiert wurde auch.

1476 schrieb Graf Ulrich V. von Württemberg seinem Sohn Eberhard einen bitterbösen Brief. Ihm war zu Ohren gekommen, dass sein Sohn im Dominikanerinnenkloster Kirchheim unter Teck eine lärmende Fete veranstaltet hatte und, so der erzürnte Vater, es »hat dein sündhaftes, schändliches Wesen, das

by uns blyben / vn sy sprach ouch sy wolt noch
dick zu uns kumen / aber das unser nach
kumen mit eyn ursach nement andre frowe
ouch ins closter sy lossen / dan das mag jn
on redliche ursach / vn darzu gnissinnen
urlob die zwey stuck hette unser gnedige
frow wol umb dick / des ersten das ir her
vn sy dick closters getruwer vatter vn mit
spot von der gaben gottes / suß wer es on zwyfel
zu grunde gangen / vn sy kam ouch dz erste
mal darum dz sy ire gefangne kinder trosten
vn spysen wolt / zum anderen so hett sy eyne
brieff von unsm heylgen vatter dem bapst
on urlob das sy möcht in gan mit eyner
gespitter zal wer jn closrow in alle closter
die do sint in ire herren lant / so hant ir es
unser obern uff das mal vn so dick syb be
gert ouch erlopt vn das gar briflichen von
der obgnanten ursach wegen / vn ouch dar
um das sy eyn rechte meynig vn andacht
hett sy kam nyt darin von kurtzwyl vn
von ppras mutes wegen / als vor zyten dick
geschehen ist von herre von frowe vn von
andren liiten / also ist der bzyag nun zum
dryttan mal gerycht worden / gott der ewige

tryenickeit sy lob. Tibi laus etc gla ubi grax
acho in secula sempiterna Obm trinitas Ame
Darnach da kam unser wurdiger getruwer
vatter jacob dyenstlin unser viar etc vn
det uns eyn schöne sermon uff den worte
die gesungen werden von der uber wurdige
vn unußsprechlichen heylgen tryenickeit / also
sprechende / Benedicamg dm celi etc coram
omb; vnjeutb; confitebimi ei qnia fecit no
bisann miam suam / zu dem ersten vermant
er uns gott die heylge tryenickeit zu loben
der mit uns hatt geton syn vetterliche barm
hertzickeit / in dem dz er uns in unsm grosse
lyden mit verlossen hett / me getruwlich uff
enthalten / vn das er uns die grosse gnad
geben hett dz wir bestanden werent vn
nit abtrymig werent worden vn darinn wir
werent on zwyfel ritterin vpi. vn vor
allen menschen vn er wolt es ouch von uns
meinen vn loben als wyt er möcht in vnsm
heylgen orden / aber des solten wir uns nit
über neme oder über heben / wir soltens alleyn
der barmhertzickeit gottes zu schriben der
uns warlichen geholffen vn erlöst hett /

du und die deinen getrieben haben, nicht genügt, du
hast auch noch deinen Bruder mitgenommen, und ihr
habt ein solches Tanzen darin gehabt und ein Schreien,
daß es selbst für ein offenes Frauenhaus [ein Bordell]
zu viel gewesen wäre. Und es hat auch bis lange nach
Mitternacht gedauert.«

Frauen, die ein geistliches Leben führen wollten, waren in solchen Klöstern nicht gut aufgehoben und wechselten, wenn sie konnten, in eines der Reformklöster, die
immer beliebter und zahlreicher wurden. Die Ende des
14. Jahrhunderts von Italien ausgegangene Reformbewegung hatte weite Kreise gezogen und um die Mitte des 15. Jahrhunderts die Klöster des Südwestens erreicht. Nicht nur den Ordensoberen war an einem frommen Klosterleben gelegen, sondern
auch den Landesherren. Sie hatten so etwas wie eine Fürsorge-
pflicht für das Seelenheil ihrer Untertanen, und man wusste, »daß

Vom Kampf um die Durchsetzung einer strengeren Klosterdisziplin berichtet die Chronik der Dominikanerin Magdalena Kremer aus dem Kirchheimer Kloster St. Johannes Baptista.

die Anrufungen von ehrbaren geistlichen Leuten dem ewigen Gott wohlgefälliger sind als von anderen sündigen Menschen«. Für einen Landesherrn, der die Reformbewegung unterstützte, sprang dabei aber nicht allein Gottes Segen heraus, sondern auch Einfluss auf die Klöster seines Landes. So spielten geistliche wie politische Gründe eine Rolle, wenn Ordensobere und weltliche Fürsten in der Reformfrage an einem Strang zogen.

Den Reformern ging es um die Wiederherstellung und Beachtung (Observanz) der alten Ordensregeln: Gehorsam, Keuschheit, den vollständigen Verzicht auf persönlichen Besitz, die Einhaltung des Stundengebets, der Fastengebote, der Schweigezeiten, um die Lesungen bei Tisch und im Kapitelsaal, gemeinschaftliche Arbeit in der Webstube und im Skriptorium. Die verbleibende Zeit sollte der Lektüre geistlicher Werke und frommer Betrachtung dienen sowie dem stillen Gebet. Wichtig war auch die intensive seelsorgerische Betreuung durch gelehrte Spirituale. In Predigten, Beichtgesprächen und Briefen vermittelten sie Anregungen, förderten und begleiteten die spirituelle Entwicklung der Nonnen.

Im Hinblick auf die Frauenklöster bedeutete Observanz vor allem eines: strenge Klausur. Ob ein Kloster reformiert war oder nicht, konnte man oft schon von außen erkennen: Die Klostermauern wurden erhöht, Fensteröffnungen zugemauert. Mithilfe einer Drehvorrichtung, des sogenannten Rades, konnten Gegenstände aus dem Konvent hinaus- oder hereingereicht werden, wobei die Schwester, die das Rad bediente, die »Raderin«, ein Auge darauf hatte, dass nichts Verbotenes durchgereicht wurde. Das Redefenster, an dem die Besuche stattfanden, wurde so gründlich verblecht, dass kein Sichtkontakt möglich war und man ziemlich laut sprechen musste, um verstanden zu werden. Zum Programm der weitgehenden Abschottung von der Außenwelt gehörte auch die Loslösung von Familienbeziehungen.

Das Frömmigkeitsideal der observanten Schwestern hieß: der Welt zu sterben und nur Gott allein zu leben. Doch was den einen als Paradies erschien, war für die anderen ein Gefängnis. Viele Klosterfrauen versetzte die Vorstellung, derart »vermauret« zu werden, in Angst und Schrecken. Warum sollte denn das Klosterleben, so wie sie es kannten und vielleicht schon jahrzehntelang praktizierten, auf einmal schlecht sein? Warum sollte man Gott nur dienen können, indem man sich lebendig einmauerte, den ganzen Tag auf den Knien lag und sich die bescheidensten irdischen Genüsse versagte? Warum sollte es dem geistlichen Leben abträglich sein, wenn man Verwandte empfing? Ein Besuch im Kloster förderte doch gewiss auch deren Frömmigkeit. Und warum sollte man sich von fremden Nonnen, die alles Hergebrachte auf den Kopf stellten, sagen lassen, wie man ein gottgefälliges Ordensleben zu führen hatte?

Doch der heilige Ernst der neuen Lebensform zog viele Menschen in seinen Bann. Wichtiger als der Unterschied zwischen den einzelnen Orden wurde die Frage, ob reformiert oder nicht reformiert. Die Geschichte der Dominikanerin Magdalena Kremer aus dem Kloster St. Johannes Baptista in Kirchheim unter Teck zeigt, welche Formen der Kampf um den rechten Geist annehmen und wie er sich mit politischen Streitigkeiten verquicken konnte. Sie beginnt im badischen Oberkirch, wo Magdalena Kremer als Tochter des Stadtschreibers oder Bürgermeisters geboren wurde. Nach dessen Tod im Jahr 1468 trat sie ins Dominikanerinnenkloster Silo in Schlettstadt (heute Sélestat) ein, das schon seit einigen Jahren reformiert war. Magdalena kannte das Kloster somit nur als einen Ort strenger Observanz, als man sie und sechs weitere Ordensfrauen auswählte, um den Schwestern in Kirchheim die Segnungen der Klosterreform nahezubringen.

Diese ging üblicherweise so vonstatten: Ein bereits reformierter Konvent ordnete einige bewährte Nonnen ab, um in dem zu reformierenden Kloster die alte Führung abzulösen und die Schlüsselpositionen zu übernehmen. Zur neuen Küsterin, Novizenmeisterin, Obersängerin und Texturschreiberin für das Kirchheimer Kloster wurde Magdalena Kremer bestimmt. Aus ihrer Feder stammt daher mit großer Wahrscheinlichkeit die 1490 entstandene, in elsässischem Dialekt abgefasste Chronik, die von einem dramatischen Wendepunkt in der Geschichte des Klosters und des Landes Württemberg erzählt. Die Chronik weist ihre Autorin als hochgebildet aus: lateinkundig, theolo-

Anders als diese Klosterfrauen auf einer Buchmalerei aus dem 15. Jahrhundert reisten die Reformnonnen aus dem Kloster Silo in verhängten Wagen, um auch unterwegs die Klausur zu wahren.

gisch versiert, bibelfest, glaubensstark und wohlinformiert über die Vorgänge innerhalb ihres Ordens. Nach neueren Erkenntnissen der Forschung stammen auch einige Buchmalereien von Magdalena Kremer. Sie war für die Bibliothek und das Skriptorium verantwortlich. Dort wurden Schreibaufträge erledigt, aber auch Bücher verfasst, kopiert und illuminiert (illustriert), die man entweder für den Eigenbedarf herstellte oder an andere observante Klöster weitergab, mit denen man Gebetsverbrüderungen oder einen Bücheraustausch unterhielt. Durch geistliche Literatur empfingen die klausurierten Nonnen wichtige Impulse von außen und konnten am religiösen Diskurs teilnehmen. Religiöse Bildung und geistliche Bücher, auf die der Dominikanerorden besonderen Wert legte, trugen viel zur Stärkung des Glaubens bei, gerade auch in einer Krise wie der, von der die Kirchheimer Chronik berichtet.

Zwischen 1475 und 1485 machten beide Herren der seit 1442 geteilten Grafschaft Württemberg die Reform »ihrer« Frauenklöster zur Chefsache. Graf Ulrich V. von Württemberg-Stuttgart bat den Dominikanerprovinzial für das Kirchheimer

Kloster speziell um Schwestern aus Kloster Silo, denn dorthin waren ein Jahrzehnt zuvor sechs Nonnen aus Kirchheim abgewandert, um künftig observant zu leben. Eine von ihnen, Barbara Bernheim, wurde zur neuen Kirchheimer Priorin erkoren. Graf Ulrich und sein Neffe, Graf Eberhard im Bart, schickten Pferde und eine zuverlässige Eskorte nach Schlettstadt, um den Nonnen eine sichere Reise zu ermöglichen. Ihre Gemahlinnen stellten ihre Reisewagen zur Verfügung. Damit war nicht nur für einen vergleichsweise komfortablen Transport gesorgt, es wurde auch ein Zeichen gesetzt, welch hohen Stellenwert die Landesherrschaft dem Umzug beimaß. Selbstverständlich waren die Wagen »verhangen«, so dass die reisenden Nonnen durch keine äußeren Eindrücke von ihren Gebeten abgelenkt würden.

Gerüstet durch den Empfang der Kommunion, brachen die Klosterfrauen aus dem Elsass im Frühsommer 1478 in das »Ellend«, das heißt in die Fremde auf. Kloster Silo, dem sie ihre Mitgift eingebracht hatten, sicherte ihnen die jährliche Zahlung eines Leibgedinges (eine Art Leibrente) zu und stellte ihnen eine Urkunde darüber aus. Von Schlettstadt ging es den Rhein entlang nach Straßburg, wo man im Margarethenkloster zehn weitere Schwestern aufnahm, die das Kloster Weiler bei Esslingen reformieren sollten. Im Dominikanerinnenkloster in Pforzheim feierte man das Pfingstfest. Der Besuch blieb drei Tage, und währenddessen weihte Magdalena zwei Pforzheimer Mitschwestern in die Kunst des Texturschreibens und des Malens ein. In Stuttgart trafen die Schwestern den Ordensprovinzial, der sie zunächst nach Weiler und dann bis an ihr Reiseziel begleitete. Die Reise wurde damit auch zur Vernetzung innerhalb des Ordens genutzt, um Verbindungen zu anderen Reformklöstern herzustellen und zu stärken und um Wissen weiterzugeben.

In Kirchheim leisteten derweil die Seelsorger Überzeugungsarbeit beim alteingesessenen Konvent. Vier von 23 Schwestern verließen das Kloster, drei kehrten bald darauf wieder nach Kirchheim zurück. Eine davon war Anna Dürr aus Waiblingen, von der noch zu reden sein wird. Am 15. Mai 1478, dem Freitag nach Pfingsten, zogen die Reformnonnen feierlich ins Kloster St. Johannes Baptista in Kirchheim ein. Beide Grafen waren anwesend nebst vier ranghohen Dominikanern und weiteren geistlichen sowie weltlichen Würdenträgern. Anders als in manch anderen Klöstern kam es nicht zu Tumulten und Handgreiflichkeiten. Vielmehr sangen die alten und die neuen Schwestern einträchtig das »Veni Creator Spiritus«, eine Hymne an den Heiligen Geist, der über dem Reformwerk walten sollte. Eine freundliche Übernahme also? Rückblickend meinte Magdalena Kremer: »Obwohl wir vom ersten Tag an von den Schwestern dieses Klosters gut und freundlich empfangen wurden, so fing doch bald der böse Geist an, die Reformierung auf viele Arten und Weisen zu hintertreiben, und er hat es wohl zehn Jahre getrieben, bis es ausbrach.«

Doch zunächst schien die Reform auf gutem Wege zu sein, und das sprach sich herum. In den folgenden Jahren traten 22 Frauen ins Kloster ein. Im Gegensatz zum alten Konvent, der sich großenteils aus niederadligen Frauen der unmittelbaren Umgebung Kirchheims zusammensetzte, kamen sie von weiter her, auch aus den Reichsstädten Ulm und Esslingen, aus Stuttgart, sogar aus Augsburg, und entstammten häufiger dem Bürgertum. »Offensichtlich war das Kloster nun nicht mehr so interessant für den in der Umgebung des Klosters sitzenden Landadel, weil die adligen Schwestern nach der Reform nicht mehr frei über ihren ins Kloster mitgebrachten Besitz verfügen konnten und die Klausurregeln nun streng eingehalten wurden, so dass sie keinen unkontrollierten Kontakt mehr zu ihren Verwandten hatten. Das reformierte Kloster war jetzt für Schwestern attraktiv, die aus Städten kamen, bürgerlich waren und aus freiem Willen und Überzeugung ein strenges Leben in der Klausur führen wollten«, folgert die Kirchenhistorikerin Stefanie Neidhardt.

Das Kloster florierte, geistlich und materiell, und Letzteres weckte die Begehrlichkeit des neuen Landesherrn Graf Eberhards VI., genannt »der Jüngere«. Der oben erwähnte ungebärdige Sohn Graf Ulrichs steckte ständig in Geldnot und versuchte deshalb, die Rechte, Einkünfte und Dienstbarkeiten, die

ihm von Seiten des Klosters zustanden, nach Kräften auszubeuten. Seit Graf Ulrich 1480 gestorben war, gab es in Württemberg zwei Regenten namens Eberhard. Eberhard V., genannt »im Bart«, regierte die Grafschaft Württemberg-Urach. Die namensgebende Manneszier trug er seit seiner Pilgerfahrt ins Heilige Land. Der Überlieferung nach hatte er gelobt, sich den Bart von nun an nicht mehr scheren zu lassen. Eberhard hatte seine Finanzen und sein Prestige durch die Heirat mit Barbara Gonzaga von Mantua aufgebessert, hatte sich mit einem Kardinal verschwägert und Beziehungen zur römischen Kurie geknüpft. Unterstützt von seiner Mutter Mechthild hatte er 1477 in Tübingen eine Universität gegründet. Ein macht- und verantwortungsbewusster Herrscher also, der sein Land voranbrachte. Anders sein jüngerer (Namens-)Vetter. Dieser, der Graf von Württemberg-Stuttgart, lebte auf großem Fuß und machte Schulden. Die Regierungsgeschäfte waren ihm lästig. Gegen eine Abfindung handelte ihm sein älterer Vetter die Regierungsgewalt und einen Großteil seiner Ländereien ab. Eberhard der Jüngere wurde mit einer jährliche Rente von 8000 Gulden abgefunden, die von den Ortschaften Owen, Weilheim, Winnenden und Kirchheim aufzubringen war.

Das Sprechgitter oder Redfenster als Ausdruck der Weltentsagung: Kontakte zur Außenwelt, zu Familie und Freunden wurden auf das Allernotwendigste beschränkt. Das um 1250 entstandene Sprechgitter des Klarissinnenklosters St. Cäcilie in Pfullingen zählt zu den wenigen im Original erhaltenen Exemplaren seiner Art.

Die »Aufhörerin« (links) überwachte Gespräche zwischen Schwestern und Besuchern. Die »Umläuferin« oder »Zirkarin« (rechts) achtete darauf, dass die strengen Regeln der Klosterdisziplin eingehalten wurden. Miniaturen aus dem »Amptbuch« des dominikanischen Ordensreformers Johannes Meyer (1422–1482).

Als Kastvogt (der die Finanzaufsicht ausübte) und Schirmherr des Klosters hatte der Landesherr Anspruch auf Dienstleistungen seitens des Klosters, etwa auf Unterbringung seiner selbst und seines Gefolges bei Besuchen, auf Wagendienste, Jagdrecht und Hundehaltung. Graf Ulrich hatte weitgehend darauf verzichtet. Sein Sohn Eberhard hatte sich vertraglich dazu verpflichtet, seine Untertanen »bei ihren Gnaden, Freiheiten und altem Herkommen« zu belassen und daher eigentlich kein Recht, das Kloster zu belasten. Das hinderte Eberhard jedoch nicht daran, aufwendige Dienstleistungen zu verlangen, etwa die Gestellung von Wagen und Pferden für Transporte bis nach Speyer, Landshut und Nürnberg. Das Kloster musste auch, den Schwestern sehr zum Ärgernis, eine Meute von zwanzig Jagdhunden unterhalten, deren Gebell ihre Andacht störte. Eberhard im Bart, den die Nonnen viel lieber als Schirmherrn gehabt hätten, ließ die Klosterfrauen zwar wissen, er werde ihnen helfen, wenn Eberhard der Jüngere sie unangemessen belaste und bedränge, aber erst einmal geschah nichts.

Die Missstimmung zwischen dem Kloster und seinem Schirmherrn war Wasser auf den Mühlen der heimlichen Reformgegnerinnen. Sie ließen Eberhard den Jüngeren wissen, dass die Nonnen aus Schlettstadt das Klostervermögen geschmälert hätten. Das in Not geratene Kloster Silo hatte nämlich die Kirchheimerinnen gebeten, auf ihre Leibrenten zu verzichten, und der Ordensprovinzial hatte entschieden, dass Kirchheim auch ohne die Zahlungen aus Silo auskäme. Die Urkunde, die diese Zahlungen zusicherte, hatte er an sich genommen. Und nicht nur die Urkunde, so hieß es nun, sondern auch Silbergeschirr hätten die Dominikaner aus dem Kloster entfernt. Der erboste Eberhard forderte daraufhin eine Rechnungslegung. »So fing der Kummer an«, schrieb Magdalena Kremer.

Anfang 1487 schickte Eberhard der Jüngere seinen Hofkaplan Conrad Holzinger. Dass dieser, ein Augustinermönch, sein Kloster verlassen hatte, nachdem dort die Observanz eingeführt worden war, desavouierte ihn in den Augen der frommen Schwestern von vornherein. Und nun verlangte der »abgefallen Mönch« im Namen seines verschwenderischen Herrn, dass die neue Klosterführung ihre Ämter an die alten Amtsinhaberinnen abgeben sollte, de facto: dass die Reform rückgängig gemacht werde. Dem angereisten Ordensprovinzial verbot Eberhard den Zutritt zum Kloster. Außerdem ließ er den Klosterverwalter verhaften. Damit waren die Nonnen, die ihre Klausur nicht verlassen durften, wirtschaftlich nicht mehr handlungsfähig. Eberhard verlangte auch, dass der Beichtiger gehen solle. Der gehorchte. Damit waren die Schwestern von Ostern bis Pfingsten 1487 ohne geistlichen Beistand.

Mit religiösen Einwänden hatte Eberhards Ansinnen nichts zu tun. Ihm ging es um eine Geldquelle, und da setzten ihm die energischen Reformerinnen mehr Widerstand entgegen, als vom alten Konvent zu erwarten war. Vertreten durch seinen Berater Conrad Holzinger, machte sich Eberhard die innere Opposition im Kloster zunutze. Denn nicht alle Schwestern waren mit den Neuerungen einverstanden. Magdalena berichtete, »es waren etliche hier, die niemals einen rechten Ernst zum geistlichen Leben hatten, sondern nur den Anschein erweckten, damit man ihnen vertraute«. Einige Nonnen hätten »in zehn Jahren noch keinen Finger für die Einhaltung der Ordensregeln gerührt«. Um Anna Dürr, die vor der Reform das Kloster verlassen hatte,

Gegenüberliegende Seite: Madgalena Kremer verstand sich nicht nur aufs Texturschreiben, die für liturgische Bücher verwendete gotische Schrift, sondern auch auf die Illumination der Texte. Die Darstellung der Enthauptung Johannes des Täufers, Patron des Kirchheimer Klosters, stammt wahrscheinlich von ihrer Hand.

aber zurückgekommen war, formierte sich eine Gruppe von fünf Schwestern, die sich einmütig gegen die Priorin und die Reformerinnen aussprachen: Man habe sie nicht hergebeten und wolle sie nicht hierhaben. Der Herr – und damit war nicht Gott gemeint –, der sie geholt habe, möge sie auch wieder fortschicken.

Die »anderen gottesfürchtigen Schwestern« wollten sich Eberhards Befehlen aber nicht beugen, sondern gehorchten ihren Ordensoberen, und die verlangten, dass die Reformschwestern bleiben sollten. Denn, so sah es die Chronistin, wenn die Reformerinnen gingen, würde der Konvent über kurz oder lang dem »irrigen und ärgerlichen Leben« anheimfallen, das er vor der Reform geführt hatte, »als die alte Geistlichkeit ganz dahin gegangen war«. Da die Reformnonnen nicht gingen, ging Anna Dürr. Während eines Gottesdienstes stieg sie über die Klostermauer. Sie müsse sich selbst um ihre Angelegenheiten außerhalb des Klosters kümmern, da sie keine Boten mehr schicken könne, erklärte sie. Dem Provinzial teilte sie unumwunden mit, dass sie in kein anderes von ihm zu bestimmendes Kloster einzutreten gedenke. Stattdessen schloss sie sich an Conrad Holzinger an, den gewesenen Augustinermönch, dem später vorgeworfen wurde, er habe sie »aus dem Kloster gebracht und an sich gehängt, einige Zeit bei sich gehabt und sei an viele Orte über Land mit ihr gezogen«. Welche Geschichte sich hinter diesen dürren Worten verbirgt, lässt sich nur erahnen.

Um die widerspenstigen Nonnen in die Knie zu zwingen, ließ Eberhard bewaffnete Männer am Kloster postieren, die Kontakte und Nahrungslieferungen unterbanden. Schon bald litten die Schwestern Hunger, aber sie litten guten Mutes, im Bewusstsein, Gott auf ihrer Seite zu haben. Und draußen gab es einige wenige Mutige, die Nahrungsmittel ins Kloster schmuggelten oder sich weigerten, Befehle auszuführen. Manche von ihnen hatten Verwandte im Kloster und waren nicht gesonnen, die Schwestern als Feinde zu behandeln. Doch mit der Zeit bekamen die Kirchheimer

qu capitt eiusdm repetit e

Bürger Angst, zwischen die Fronten zu geraten, wenn die beiden Grafen hinsichtlich der Reformfrage aneinandergerieten. Drohungen wurden laut, sie wollten die Nonnen »erschlagen, zerreißen, ertränken, verbrennen«, und die Schwestern, die in ihrer Klausur die Bewaffneten hören, aber nicht sehen konnten, was draußen vorging, hatten große Angst. Zwei Kirchheimer Novizinnen waren inzwischen in ihr Elternhaus zurückbeordert worden.

Doch nun geschah etwas, das den Schwestern, die sich inzwischen von schimmligem Brot ernährten, wie ein Wunder vorkommen musste. Eberhard im Bart schickte einen Wagen mit Brot ins Kloster und ein paar Tage später auch seinen Hofmeister, der der Priorin die Unterstützung seines Herrn versprach und dem Kirchheimer Vogt die Zerstörung der Stadt androhte, wenn die Schwestern weiter behelligt würden. Diese baten um Nachsicht für die in der Zwickmühle steckenden Kirchheimer Bürger. Eberhards Eingreifen bewirkte zwar ein Lockerung der Blockade, aber keine Lösung des Problems, da der Vogt sich an die Befehle seines Herrn, des jüngeren Eberhard, halten musste.

Mittlerweile traf dieser mit dem Kaiser, dem Erzbischof von Köln und anderen Fürsten zusammen. Auch führende Dominikaner suchten das Gespräch mit dem Erzbischof. Diesem gelang es, Eberhard zum Einlenken zu bewegen. Doch dann trat Conrad Holzinger auf den Plan und goss neues Öl ins Feuer. Wieder wurde die Blockade aufgenommen. Der neue Beichtiger des Klosters, Vater Lybold, brachte den Schwestern Brot, obwohl es den Bäckern verboten war, für sie zu backen. Er trieb auch Schulden für das Kloster ein und, was den Nonnen zweifellos noch viel wichtiger war: Er las die Messe, predigte, nahm die Beichte ab und reichte den Schwestern täglich die Kommunion.

Als die Schwestern Anfang Juli in den frühen Morgenstunden Sturmgeläut hörten und einen Angriff befürchteten, zeigte sich die Solidarität des Konvents. Einige mutige Nonnen wollten sich in die vorderste Reihe stellen und den Bedrängern mit vorgehaltenem Kruzifix entgegentreten. Die Reformschwestern erboten sich ihrerseits, zusammenzustehen, dass das »Ungericht allein über sie sollt' ergehen« und die anderen Schwestern vor den Feindseligkeiten geschützt wären. Diese schlugen vor, die Plätze im Chor zu tauschen, so dass die Feinde die Reformschwestern nicht ausfindig machen könnten. Die »Widerwärtigen« ihrerseits drohten, zu verraten, wer die Reformschwestern seien. Dann würde man diese »herausziehen« und fortschaffen und die anderen wieder »hineinstoßen«. Worauf die Mehrzahl der Schwestern erklärte, sie seien doch inzwischen alle Reformierte. In dieser Nacht stellte

Beichtvater Lybold das Allerheiligste auf den Altar und ließ es Tag und Nacht in der Klosterkirche. Damit schützte er die Nonnen, denn ein Angriff im Angesicht des Sakraments wäre ein schwere Sünde gewesen und hätte die Höllenstrafe nach sich gezogen.

Der unermüdlich agitierende und intrigierende Holzinger warf den Nonnen vor, sie hätten seinen Herrn vor dem Kaiser und den Fürsten unverdient schlecht gemacht. Er versuchte, Vater Lybold zu zwingen, ihn mit seinen Bewaffneten in die Sakristei einzulassen. Er legte den Kirchheimern, wenn sie den Gottesdienst in der Klosterkirche besuchten, eine Strafe von einem Gulden auf, was einem Gottesdienstverbot gleichkam. Die verstörten Bürger verlangten daraufhin von den Nonnen, den Streit zu beenden. Die Schwestern erklärten, dass sie Eberhard gehorchen würden, wenn er die Bedingungen wieder herstellte, die unter seinem Vater gegolten hatten. Unterdessen wurden die Lebensmittel wieder knapp. Vater Lybold konnte nur noch wenig ausrichten, weil Holzinger ihn nicht aus den Augen ließ. Dass in anderen Klöstern und Orten für die Eingesperrten Messen gelesen und gebetet wurde, half den Nonnen durchzuhalten, denn die Macht des Gebets galt den Menschen als ganz reale, wirksame Kraft. Selbst die Wachen stimmten gelegentlich in den nach draußen dringenden Gesang der eingeschlossenen Schwestern ein.

Inzwischen drohte der Bischof von Konstanz Eberhard dem Jüngeren und der Stadt Kirchheim den Kirchenbann an. Das beeindruckte den Grafen immerhin genug, um nicht auf Holzinger zu hören, sondern einem Kompromiss zuzustimmen: Er würde Schirmherr des Klosters bleiben und die Bedingungen wieder herstellen, die zur Zeit seines Vaters gegolten hatten. Die Schwestern ihrerseits waren zu einer Rechnungslegung bereit, aber nicht für die weltliche Obrigkeit, sondern für ihren Orden, wie es dem Herkommen entsprach. Eberhard den Jüngeren und den Kirchheimer Vogt wollten sie zulassen. Am Tag der Rechnungsprüfung fanden sich nun aber auch der inzwischen zum Kanzler avancierte Holzinger und eine Reihe weiterer weltlicher Würdenträger ein. »Da wurden wir unwillig«, schrieb Magdalena Kremer. Denn die Laien hatten nach Auffassung der Nonnen nichts bei der Rech-

EBERHARHDVS BARBATVS
DVX WIRTEMBERGENSIS,
ANNO 1X9Z.

nungslegung zu suchen. Die Anwesenheit des Grafen und seines Vogts war ein Zugeständnis gewesen. Die Schwestern befürchteten, ein Gewohnheitsrecht für die weltliche Obrigkeit zu schaffen, und verweigerten die Kooperation. Über diesen »Vertragsbruch« erbost, befahl Eberhard, die Blockade wieder aufzunehmen, und forderte erneut den Abzug der Reformschwestern: »Er wollte, daß die Priorin mitsamt ihren Reformerinnen fortginge, oder er wolle nicht Herr zu Württemberg sein.«

Da Holzingers Versuche, die Schwestern des alten Konvents gegen die Reformerinnen auszuspielen, nichts nützten, drohte er, das Kloster in Brand zu stecken. Doch die Schwestern blieben standhaft. Isoliert von allen geistlichen und weltlichen Helfern, suchten sie ihren Trost bei Gott und waren bereit, den Märtyrerinnentod zu sterben. Vater Lybold hatte unterdessen das Kloster verlassen müssen und konnte sie nicht mehr mit Brot versorgen. So backten die Nonnen ihr Brot selbst, im Refektorium. Sie verheizten auch die Bretter eines alten Sommerhauses und Bäume aus dem Klostergarten. Der Ordensvikarius hatte ihnen erlaubt, das Tor zum Klosterhof aufzumachen. Eines Tages öffnete die Küchenschwester das Tor einen Spalt weit, »da gingen die Wächter ein wenig weg, als ob sie es nicht sehen würden. Dann öffnete sie das Tor, da kamen viele Schweine ins Kloster, zwei behielten wir, um sie zu schlachten und Schmalz zu gewinnen.« Diese Form der Nahrungsbeschaffung gelang auch bei zwei weiteren Gelegenheiten. Das Weihnachtfest hätten sie fröhlicher gefeiert als ihre Bedränger, berichtete Magdalena.

So schlimm es draußen auch aussah, im Konvent selbst herrschte jetzt Einigkeit. »Lieber Vater, ihr sollt wissen, daß der Konvent wegen uns sehr viel leidet. […] da wäre es kein Wunder, wenn sie uns selber vertreiben würden. Aber sie sind allezeit gutwillig und leiden«, informierte Magdalena den Ordensvikarius. Conrad Holzinger bekam bei einem weiteren Versuch, die Schwestern zur Aufgabe zu bewegen, von einer alten Nonne gehörig die Leviten gelesen: »Wer bist du, bist du auch ein Christenmensch, wolltest du doch in ein Gotteshaus einfallen über geistliche Menschen, die dir nie etwas zuleide getan haben. Fürchtest du nicht, daß der Teufel dir den Hals bricht?« Worauf Holzinger das Weite suchte.

Anfang Februar machte der Bischof seine Drohung wahr und verhängte den Kirchenbann über die Stadt. Jetzt hatte das

Gegenüberliegende Seite: Der Kirchheimer Reformstreit gab Eberhard im Bart die Gelegenheit, sich als energischer und gottesfürchtiger Landesherr zu präsentieren.

Wegschen der Wachen ein Ende. Sie wurden »erst recht erzürnt über uns und sie taten uns zuleide, was sie konnten«. Als zwei junge Novizinnen – die Chronistin sprach von Kindern – ein Schwein vom Klosterhof ins Kloster treiben wollten, wurden sie gefangengenommen, dem Vogt vorgeführt, verhört und außerhalb des Klosters gefangengesetzt. Der Ordensvikarius empörte sich, selbst »Heiden und Türken« übten Schonung gegenüber Kindern, und meinte, von »so einer Sache hat man in christlichen Landen noch nie gehört«.

Die Nonnen setzten nun ein Rundschreiben an die christlichen Fürsten, Ritter und Adligen auf, in dem sie um Beistand baten, »damit wir nicht so unchristlich zugrunde gehen«. Sie listeten alle Übergriffe Eberhards des Jüngeren gegen das Kloster auf, zuletzt die Gefangennahme der Novizinnen. Es wurde ein langer Brief, und mit diesem Schreiben lieferten sie Graf Eberhard im Bart den Grund, wegen Landfriedensbruchs gegen seinen Vetter vorzugehen. »Außerordentlich daran ist die Idee der Schwestern, sich als Frauenkloster an die adlige Öffentlichkeit der Umgebung zu wenden. Dies bezeugt Selbstbewusstsein, den starken Rückhalt durch die Klosteroberen und Eberhard den Älteren. Gleichzeitig präsentiert sich das Kloster in diesem Rundschreiben nach außen als einheitlich reformiert und stark im Glauben«, erklärt die Kirchenhistorikerin Stefanie Neidhardt. Die Schwestern setzten sich also mit ihren Mitteln gezielt zur Wehr. Schutzlos mochten sie sein, passiv, stumm und schwach waren sie nicht.

Jetzt schickte Eberhard im Bart einen Trupp Bewaffneter gegen Kirchheim vor. Die Nonnen hörten nur das Sturmläuten und den Waffenlärm und glaubten an einen Angriff. Sie verbarrikadierten sich im Chor. Betend, mit Kruzifixen und Andachtsbildern in den Händen, knieten sie vor dem Altar und glaubten, ihre letzte Stunde habe geschlagen. Die Stadt ergab sich kampflos. Im Siechenhaus des Klosters trafen die Soldaten auf zwei alte Schwestern mit ihren Pflegerinnen. Diesen erklärten sie, dass sie gekommen seien, um das Kloster zu befreien. Die Tür zum Chor, wo sich die Schwestern befanden, mussten sie aufbrechen. Es dauerte eine ganze Weile, bis die Befreiten glauben konnten, dass sie ihre Retter vor sich hatten.

Der gemeinsam ausgestandene Konflikt hatte den Konvent zusammengeschweißt. Die Observanz war gerettet. Nicht zuletzt dank Graf Eberhard im Bart. »Wenn unser gnädiger Herr, der Ältere, durch die Gnade Gottes nicht gewesen wäre, so müßte dies Kloster zugrunde gegangen sein«, würdigte ihn Magdalena Kremer. Eberhard hatte sich als guter, weil frommer und gottesfürchtiger Landesherr profiliert. Vor allem aber hatte er seinen Vetter vollständig entmachtet und war jetzt alleiniger Herr von Württemberg. Über diesen politischen Aspekt schwieg Magdalena Kremer, als sie 1490 die Chronik verfasste, wie sie auch für die Belange der Reformgegnerinnen kein Verständnis aufbrachte. Mit ihrer Chronik wollte sie für die Nachkommenden festhalten, wie der Konvent zusammengestanden und sich in der Krise bewährt hatte, wie Gott ihre Gebete erhört und ihre Treue belohnt hatte.

Magdalena Kremer starb 1501 oder 1502, wahrscheinlich als Priorin ihres Klosters. Ihr Widersacher Conrad Holzinger wurde 1488 verhaftet und an Eberhard im Bart ausgeliefert. Die Anklageschrift an seine Ordensoberen erwähnt neben seinen Kirchheimer Umtrieben auch, dass er sich ungehörigerweise weltlich gekleidet und einen langen Bart getragen habe und im Harnisch geritten sei. Eberhards Gemahlin Barbara Gonzaga, die dem befreiten Konvent sofort einen Besuch abgestattet hatte, blieb dem Kloster nicht nur lebenslang verbunden, sondern auch nach ihrem Tod: 1503 wurde sie in Kirchheim beerdigt. Eberhard im Bart wurde 1495 zum Herzog erhoben. Als er im Jahr darauf starb, beerbte Eberhard der Jüngere seinen Vetter und ging als zweiter Herzog von Württemberg in die Landesgeschichte ein. Doch schon nach zweijähriger Herrschaft wurde er von seinen Räten abgesetzt und musste das Land verlassen. 1504 starb er im pfälzischen Exil. Ihm folgt der Neffe Ulrich, der 1534 die Reformation nach Württemberg brachte. Aber erst dessen Sohn Christoph hob das Kirchheimer Kloster auf. Die letzten dort verbliebenen Dominikanerinnen starben in den 1570er-Jahren.

Ein Tagebuch der Schikanen: Die Reformationschronik der Eva Magdalena Neyler

Im Frühjahr 1556 wird den Dominikanerinnen in Pforzheim ein »Gewaltsbrief« der Obrigkeit verlesen: Ab sofort dürfen sie keine Messe mehr feiern und keine katholischen Geistlichen im Kloster empfangen. Auch sollen sie von nun an deutsch singen und beten, nicht mehr in der alten Kirchensprache Latein, die die meisten Laien gar nicht verstehen. Die Messgeräte lässt der Vogt versiegeln. Zweimal wöchentlich soll ein evangelischer Prediger kommen, um sie mit dem neuen Glauben vertraut zu machen. Die Schwestern bitten, man möge ihnen ihre Religion lassen, kniefällig, aber vergebens.

Gegenüberliegende Seite: Als Matthias Merian der Ältere diesen Kupferstich um 1643 schuf, existierte das Dominikanerinnenkloster schon lange nicht mehr. Unter Markgraf Karl II. von Baden-Durlach wurde es zum Spital umfunktioniert, im Ausschnitt mit einem N gekennzeichnet.

Als Folge der Reformation wurden in den protestantischen Territorien die Klöster und Stifte aufgelöst. Ihr Vermögen fiel dem Landesherrn zu. Die Ordensleute sollten ins weltliche Leben zurückkehren und heiraten. Viele Nonnen waren zu einem Eheleben, wie es dem Reformator Martin Luther als Ideal für alle Christenmenschen vorschwebte, durchaus bereit. Doch viele observante Frauenkonvente verweigerten den Glaubenswechsel. Die Schwestern hatten ihre Lebensform aus religiöser Überzeugung gewählt und dabei wollten sie bleiben. So auch die Pforzheimer Dominikanerinnen.

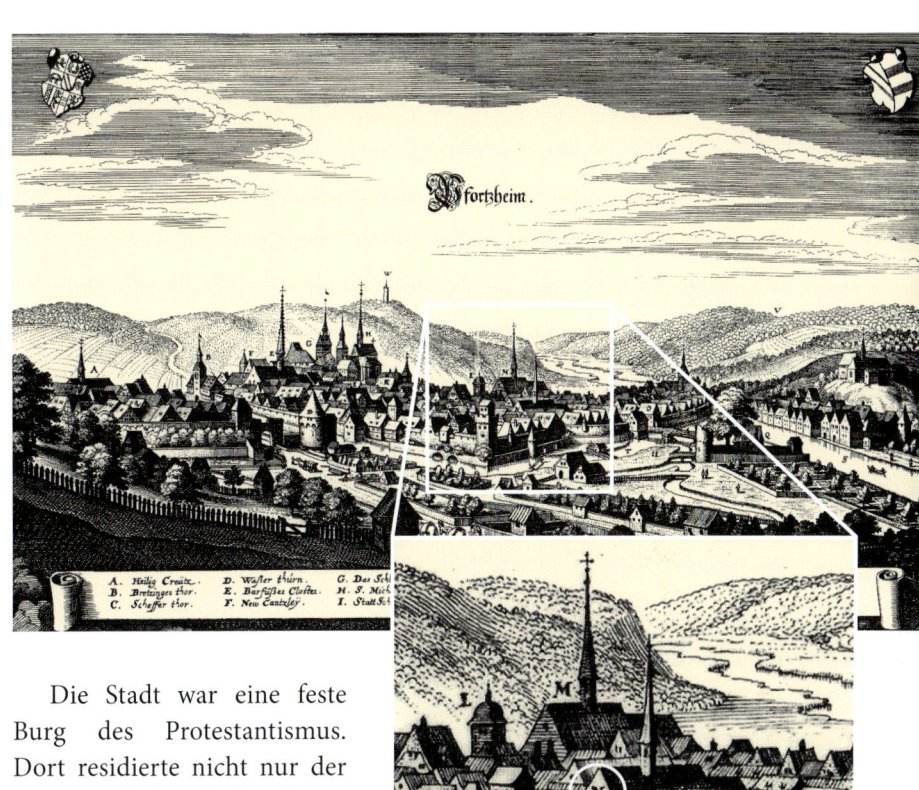

Pfortzheim.

A. Heilig Creutz.   D. Waßer thurn.   G. Das Sch...
B. Bretzinger thor.   E. Barfüßer Closter.   H. S. Mich...
C. Schaffer thor.   F. New Cantzley.   I. Statt Sch...

Die Stadt war eine feste Burg des Protestantismus. Dort residierte nicht nur der protestantische Markgraf von Baden-Durlach, dort gab es auch eine hoch angesehene Lateinschule, aus der Humanisten wie Johannes Reuchlin und Martin Luthers Mitstreiter Philipp Melanchthon hervorgegangen waren. Von Anfang an hatte man dem Protestantismus aufgeschlossen gegenübergestanden. Kurz nach dem Augsburger Religionsfrieden von 1555, der festschrieb, dass der Landesherr die Religion seiner Untertanen bestimme, erließ Markgraf Karl II. eine evangelische Kirchenordnung nach württembergischem Beispiel. Sein neuer Kanzler, ein junger Jurist namens Martin Achtsynit, sorgte energisch für ihre Umsetzung.

Damit begann eine lange Leidenszeit für die 46 Dominikanerinnen. Denn während die örtlichen Dominikaner- und Franziskanerbrüder sich fügten und ihre Klöster verließen, setzten die Schwestern ihrer geplanten Umerziehung und der Aufhebung ihrer Klostergemeinschaft hartnäckigen Widerstand entgegen. Acht Jahre lang. In dieser Zeit bissen sich 18 Prediger beim Versuch, die Nonnen zu »bekehren«, die Zähne aus. Und Schwester Eva Magdalena Neyler führte mit spitzer Feder Buch über die Schikanen, denen der Konvent zwischen 1556 und 1564 ausgesetzt war. Denn Spielraum für Toleranz war nicht vorhanden. Auf beiden Seiten nicht.

Die Herren – »Man hat sie Theologen genannt«, spottet die Chronistin – glauben zunächst, leichtes Spiel zu haben. Sie halten die Schwestern für so unbedarft, dass sie meinen, ihnen wie unwissenden Kindern durch stete Wiederholung eintrichtern zu müssen, was richtig und was falsch sei. Und wenn nicht im Guten, dann eben mit Strenge. Die Kanzel wird erhöht, die Läden und die Vorhänge der Nonnenempore, die die Schwestern von den Blicken der Kirchenbesucher abschirmen, werden entfernt, damit der Prediger sehen kann, ob die Nonnen anwesend sind und seine Predigt hören, wie es ihnen befohlen worden ist. Meist lassen die Schwestern den Sermon stumm über sich ergehen. Leicht kann es ihnen nicht gefallen sein, denn die Protestanten schmähen alles, was ihnen heilig ist: Fleisch und Blut Christi, die Heiligen, die Reliquien, den Papst, die Kirchenlehrer, das Ordensleben. Dabei werden die Prediger manchmal so obszön, dass sich der Chronistin die Feder sträubt.

Einer nach dem anderen probiert seine Kunst an den Schwestern aus. Ohne Erfolg. Den Kirchenmännern, die schon andere Klöster abgewickelt haben, geht das gegen die Berufsehre. Der Ton wird härter. Beschimpfungen werden laut und Drohungen: Man müsse sie ausbrennen wie schädliche Raupennester, einsperren, zu ihren Verwandten heimschicken, sie ohne einen Heller aus dem Land jagen oder aushungern. Ein Doktor Rupprecht, der dem Konvent mehrere Jahre als Prediger erhalten bleibt und sehr gefürchtet ist, beschimpft die Nonnen als so verstockt und halsstarrig, dass sie sich mutwillig in die ewige Verdammnis begäben. Er werde, prophezeit er ihnen, dereinst am Jüngsten Tag mit zu Gericht über sie sitzen. »Ich fürchte aber, er wird bei denen sitzen, die ›Feurio‹ schreien werden«, lautet Schwester Eva Magdalenas sarkastischer Kommentar.

Die Schwestern haben Angst, aber alles lassen sie sich nicht gefallen. »Er lügt«, kommentiert die Priorin einmal laut und deutlich eine Predigtstelle. »Da haben sie alle geguckt, wer das gesagt hat, aber sie haben nicht erfahren können, wer es getan hat.« Die Schwestern halten zusammen. Da im Umgang mit den protestantischen Reformern weder Argumente noch Proteste fruchten, leisten sie passiven Widerstand. Die unwillkommenen neuen deutschen Gebetbücher lassen sie ungelesen verstauben. Dem Gesang der neuen Liturgie entziehen sie sich, indem sie den Chor vorher verlassen oder ihn erst betreten, wenn er vorüber ist. Und während die uneingeladenen weltlichen Tischgäste im Refektorium die neuen Gebete in provozierender Lautstärke vortragen, sprechen die Schwestern leise ihre alten. Auch das Abendmahl, zu dem nach neuem Ritus außer der Hostie auch der Kelch gehört, verweigern sie. Denn man empfängt es singend statt andächtig schweigend, stehend statt ehrfürchtig kniend. Und es wird, wie die Chronistin entrüstet feststellt, mit ungewaschenen Händen gereicht.

Die ersten Jahre sind schlimm genug, aber noch sind die Bedränger nicht allgegenwärtig, und die Schwestern haben gute Freunde. Besonders der alte Klosteramtmann sorgt dafür, dass sie nie lange ohne priesterlichen Beistand ausharren müssen. Unter hohem Risiko schmuggelt er Geistliche, als Bauern getarnt, ins Kloster. Auch Briefe mit den Ordensoberen werden heimlich gewechselt. Als Bote fungieren der Arzt und der Bader. Dieser trägt einmal fünf Briefe bei sich, als man ihn durchsucht, »da waren er und wir in tödlich großen Ängsten, denn wenn man sie bei ihm gefunden hätte, so hätte man ihm das Leben genommen und uns ohne Heller und Pfennig aus dem Land gejagt, aber Gott tat ihnen die Augen verblenden, daß sie diese Briefe nicht bei ihm gefunden [haben]«.

MARTINVS AMELIVS CANCELLARIVS BADENSIS.

MArtinus filius fuit Georgij Amelij Iurecon- sulti doctissimi, qui multis annis in Fribur- gensi Academia magna laude Iura professus erat: Natus est is Friburgi Brisgaudiæ anno 1526. Cum autē ea familia antiquitus uernacula lingua Acht- synitt diceretur, pater primus id cognomen Greco sensu protulit, et se Amelium adeoꝗ minimē curio sum nominauit, ut qui omnium rerum impiam so- licitudinem & curam Deo commiserit. A tali ergo patre Martinus prognatus, atꝗ ab eodem in omni genere literarum optimē institutus est. Accedebat etiam religionis amor, et singularis uitæ synceritas. Id cum in adolescente Marchiones Badenses intel lexissent, eum ad se uocarunt, & Pfortzheimij cum Osualdo Gut Cancellario sene & prudentissimo res administrare iusserunt. Sic factum ut Martinus ab Osualdo rerum usum didicerit, & loco filij dilectus fuerit. Accidit postea ut Martinus anno 1553 à Carolo Marchione Legatus Vuiennam ad Ferdinandū regem mitteretur. Ibi cum Ferdinādus Martini indolem cognouisset, eum no bilium numero ascripsit, & quibusdam priuilegijs decorauit. Vuiennensis quoꝗ academia eum I.V. Doctorem creauit, atꝗ eruditioni & uirtuti digna præmia tribuit. Cum hoc modo honoribus auctus, & legatione expedita do- mum redijsset, sequenti statim anno post Osualdi obitum principis Cancella- rius constituitur, anno ætatis 28.

Martin Achtsynit, auch als Martin Amelius von Nie- fernburg bekannt, führte als mark- gräflicher Kanzler die Reformation in Baden durch und wurde später geadelt.

Am Morgen des 11. Juli 1561 erscheint der Kanz- ler mit den fürstlichen Räten. Sie inventarisieren alles, was sich im Chor befindet, und öffnen den Tabernakel, den Schrein des Allerheiligsten. Am Nachmittag kom- men Zimmerleute mit Äxten und Sägen, nehmen die Heiligenbilder ab, brechen Statuen heraus, entfernen das Sakramentshäuschen, zerschlagen den Altar, bre- chen das Gitter ab, das den Chor von der übrigen Kir- che trennt. Dieser Kahlschlag »war ein so kläglicher Anblick, daß wir allesamt von ganzem Herzen geweint haben, so ein kläglicher Anblick ist das gewesen.« Zu ihren Stundengebeten ziehen sich die Schwestern jetzt in eine Seitenkapelle zurück. Sie dürfen nicht mehr lateinisch beten und singen und fürchten, dass jemand sie hört und anzeigt. Also singen sie so leise, dass sie einander kaum noch hören können. Oder sie singen im Refektorium. Und weil sie fürchten, man könne sie auf der Stadtmauer oder im Gesindehaus hören, schließen sie die Läden. Aber die Mess- und Chorgesänge haben sie keinen Tag ausgelassen, vermerkt Eva Magdalena nicht ohne Stolz, jedoch mit dem Hinweis, dass sie das der Gnade Gottes verdanken.

Am 28. August 1562 werden die Schwestern vom Kornspeicher aus Zeuge, wie ihr Beichtvater in Ketten über den Marktplatz geführt wird. Wie ein Verbrecher. Der Pater hört das Weinen und Klagen der Schwestern, reißt den Arm hoch und ruft ihnen voller Märtyrerstolz zu:»Mir ist es meiner Lebtag nicht besser gewesen als jetzt, da ich um des allerheiligsten Namens Jesu und des katholischen Glaubens willen gebunden und gefangen bin.« Dann stimmt er das»Te Deum« an und wird, Gott preisend, aufs Schloss zum Verhör gebracht. Zwar lässt man ihn wieder frei, aber die älteren unter den Schwestern erholen sich nie wieder von diesem Schock. Von nun leben sie in ständiger Angst, dass es auch ihnen so ergehen könnte.

Anfang 1563 wird der alte, loyale Amtmann des Klosters durch einen neuen ersetzt. Der Neue, Conrad Bischler, kommt aus Schwäbisch Gmünd, und die Schwestern müssen ihn samt Weib und Kindern und Gesinde abholen lassen,»auf unsere Kosten«, was sie nicht wenig ärgert. Damit beginnt nicht nur die Verschärfung ihrer Leidenszeit, sondern auch die fortschreitende wirtschaftliche Entmächtigung der Klosterfrauen. Unter dem Vorwand, sie abschreiben zu lassen, luchst Bischler ihnen die Besitzurkunden des Klosters ab. Dann ersetzt er das altgediente Gesinde durch eigene Leute. Sogar eine seiner Töchter,»ein kleines böses Mädchen«, schickt er zum Spionieren ins Kloster. Die Schaffnerin wird ihrer Zuständigkeit enthoben. Um alles, was sie brauchen, müssen die Schwestern jetzt den Amtmann und seine Frau, die zur»Hausmutter« ernannt wurde, bitten. Den Armen dürfen sie keine Almosen mehr geben. Früher wurde kein Bettler fortgeschickt, jetzt jagt man die Armen»wie die Hunde« weg.

Conrad Bischler, von dem es heißt, er habe im Pfälzischen schon einige Klöster aufgelöst, macht sich überall im Kloster breit und hat, berichtet die Chronistin, den Nonnen »alles zu Leid getan, was er gekonnt und vermocht hat, und was er gewußt hat, daß es uns zuwider ist, das hat er getan«.

Am 14. August 1563, dem Abend vor Mariä Himmelfahrt, stirbt die Priorin. Die Schwestern wollen ihren Tod geheim halten, weil sie fürchten, man werde ihnen eine Oberin aufzwingen, die sie nicht wollen. Doch vor Bischler gibt es keine Geheimnisse mehr. Der Markgraf verbietet ihnen, eine neue Priorin zu wählen. So leitet von nun an die Subpriorin und Schaffnerin Anna Juliana Kirscher das Kloster. Am Tag nach dem Tod der Priorin zieht Bischler die Daumenschrauben an: Ohne Vorwarnung lässt er die Schlösser an allen Außentüren versetzen, so dass die Schwestern nicht mehr von innen zusperren können, sondern nur noch der Amtmann, von außen. Niemand kann mehr ohne Bischlers Wissen ins Kloster. Nach dem Kahlschlag im Chor wird im September die Kirche vollends ausgeräumt. Bischler lässt die Altäre abbrechen, zwei Wannen voller Heiligenfiguren abtransportieren. Die Altarsteine werden zu Treppenstufen verarbeitet, die Wandgemälde überstrichen. »So ist aus der Kirche eine Scheuer geworden und aus dem Bethaus eine Mördergrube.« Der neue Altar kommt mitten in die Kirche. Die Zurschaustellung der früher so entrückt lebenden Nonnen zieht die Bürger an. Die Leute sind »herbeigelaufen, um uns zu sehen. Sie sind einander schier auf die Köpfe gestiegen und es hat sie der Fürwitz mehr getrieben als die Predigt«. Die Schwestern empfinden ihre Kirche mittlerweile als einen unchristlichen, entweihten Ort, der ihnen keine Heimat mehr ist.

An einem Samstag im Advent 1563 unternimmt Kanzler Achtsynit wieder einen Versuch, sie »in die neue und ketzerische Religion des Luthers [zu] inkorporieren«. Der Markgraf, der nach der neuen Kirchenordnung auch das religiöse Oberhaupt seines Landes ist, entbindet sie per Erlass von allen Klosterregeln. Nur, dass der Konvent die geistliche Autorität des Fürsten nicht anerkennt. Die Schwestern sollen nicht mehr mitten in der Nacht aufstehen und zur Mette gehen, nicht mehr fasten, die Stunden-gebete nicht mehr beten, keine Schweigezeiten mehr einhalten. Und wer heiraten wolle, heißt es, solle das tun. Die Schwestern sollen mit weltlichen Leuten reden dürfen, ohne dass eine andere Schwester Zeugin des Gesprächs ist, wie es der Brauch verlangt, und sie sollen keine Ordenstracht mehr tragen. Der Kanzler schreibt den Namen und die Herkunft jeder einzelnen Schwester auf. Es wird spät, bis die Männer das Kloster wieder verlassen. Und gleich früh am nächsten Morgen, dem Sonntag »Gaudete« (Freut euch), kommen sie wieder. Während der gefürchtete Doktor Rupprecht eine geharnischte Predigt gegen das Ordensleben hält, sind der Kanzler, der Vogt und die anderen Räte »dagesessen und haben uns angegafft, als wollten sie uns kaufen, und die Predigt hat wohl beinahe zwei Stunden gedauert«.

Am Nachmittag kommen die Männer wieder. Der Kanzler und seine Räte ahnen nämlich, dass die Schwestern einen Weg gefunden haben, sich mit ihren Ordensoberen in Verbindung zu setzen. Jetzt wollen sie herausfinden, ob Mönche im Kloster waren, die heimlich die Messe mit ihnen feierten und womöglich Nachrichten überbrachten. Sie schüchtern die Oberin ein und befehlen die Nonnen zum Verhör. Einzeln. »Dagegen haben wir uns heftig gewehrt, aber es hat müssen sein.« Diejenigen, die noch nicht verhört worden sind, dürfen nicht mit den anderen reden, sondern müssen in der Winterkälte im Hof warten, bis sie an der Reihe sind. Die Verhöre dauern bis in die Nacht, ergeben aber nichts, was der Kanzler hören möchte. Immer wieder versuchen die Männer, die Solidarität der Schwestern zu brechen, mit Versprechungen oder mit Drohungen, sie zu ihren Verwandten heimzuschicken. »Da sind wir aufgestanden und haben gesprochen: ›Keine allein, sondern alle miteinander aus dem Land.‹ Da haben sie geschwiegen.« Der unverbrüchliche Zusammenhalt der Nonnen hat ihnen offensichtlich die Sprache verschlagen.

Nicht nur die Kirche ist entweiht, auch das Kloster verliert seine Integrität. Der Kanzler lädt sich samt seinen Räten selbst zum Essen ins Refektorium ein. Auch der Prediger Doktor

Rupprecht und Amtmann Bischler mit seinem Gesinde essen gegen den Willen der Schwestern mit ihnen. Am Dreikönigstag 1564 ist nachmittags das ganze Kloster voller Männer: ein unangekündigter Besuch des Kanzlers, des Amtmanns und Doktor Rupprechts, den die Nonnen als Überfall empfinden. Das passiert nun öfter, die Frauen fühlen sich nicht mehr sicher, denn inzwischen gibt es keine Tür mehr, die sie abschließen können. Bald vergeht kein Tag mehr ohne ungebetenen Besuch: die Prediger, der Kanzler mit seinen Räten, die Kanzlersgattin mit ihren Kindern, die Fürstin mit ihren Damen. Alle kommen zum Klostergucken. »Und unser Gotteshaus, das so streng verschlossen war, das ist ärger geworden als ein Wirtshaus, daß es wohl zu erbarmen ist.« Die Freunde und Verwandten der Schwestern schickt der Amtmann fort, und es macht ihm spürbar Freude, ihnen davon zu erzählen. Er habe sie oft so getriezt, »bis uns fast die Galle übergelaufen ist«, berichtet die Chronistin.

Die Schaffnerin konfrontiert den Kanzler mit der Vermutung, »man will uns nicht vertreiben, aber man will uns so behandeln, daß wir nicht bleiben können«. Der bestätigt es. Man werde ihnen zuleide tun, was man nur könne. Den Schwestern ist inzwischen klar, dass sie nicht bleiben können. Rückblickend stellt Eva Magdalena Neyler fest: »Wenn wir in Pforzheim geblieben wären, dann hätte man uns alles weggenommen und wir hätten nichts behalten können. Sie haben nichts mehr gehabt als unser Kloster und waren ohne Unterlaß dabei, uns zu schinden und zu schaben, und hätten uns hinterher übler gehalten als die Hunde und wir wären um Leib und Seele gekommen. Denn es ist jeder Tag schlimmer geworden als der vorhergehende und man hat uns je länger, je mehr gepeinigt. Es ist fast jeden Tag etwas geschehen, wodurch wir geängstigt wurden, so daß wir die Schrecken schier nicht mehr haben ertragen können.«

Inzwischen hat der Orden Schritte unternommen, um den Schwestern zu helfen. Schon im Oktober hat der Provinzial den katholischen Kaiser Ferdinand I. gebeten, den Nonnen den Umzug ins Kloster Kirchberg bei Sulz zu gestatten, das auf vorderösterreichischem Boden liegt. Der Kaiser beauftragt zwei Juristen,

um mit dem Markgrafen über den freien Abzug und die Zahlung einer Abfindung zu verhandeln. Damit erhöht sich für den Kanzler und seine Leute der Druck, und das lassen sie die Schwestern spüren.

Deren Keuschheit scheint von Anfang an ein rotes Tuch für die Männer gewesen zu sein. Einer der Prediger erklärt rundweg, dass es nicht menschenmöglich sei, das Keuschheitsgelübde zu halten. Es scheint, als wolle man ihnen den Ehestand mit Gewalt schmackhaft machen. Mitte Januar 1564 hat Doktor Rupprecht »uns im Refektorium schändlich über den Ehestand gepredigt, wie er gehalten werden soll. Wenn ich je den Willen gehabt hätte, in die Ehe zu kommen, so wäre ich wieder anderer Meinung geworden, nach dem, was sie davon sagen konnten.« Und nach der Predigt liest ein Student, den Rupprecht mitgebracht hat, weiter, »daß uns darob gegraust hat und wir es nicht mehr haben hören mögen«. Schließlich verbietet die Oberin dem Studenten den Mund und stöhnt: »Wir wollen doch keinen Mann. Was müßt ihr uns doch immerdar mit den Männern plagen.«

Man hat ihnen die Ausübung ihrer Religion verboten, hat alles, was ihnen heilig ist, in Abrede gestellt, ihren Lebensraum zerstört, ihnen die materielle Lebensgrundlage entzogen. Jetzt rücken die Männer den Nonnen körperlich zu Leibe, verfolgen

Bildersturm: Eine protestantische Kirche hatte schmucklos zu sein. Heiligenbilder, Statuen und andere »Götzenbilder« wurden entfernt und zerstört. Nachträglich kolorierter Holzschnitt aus dem Jahr 1530.

sie mit obszönen Reden, fordern sie auf, nachts ihre Kutten auszuziehen und junge Heilige mit ihnen zu machen. Sie lauern ihnen auf, gehen ihnen bis in ihre Zellen nach. Einige Male schleichen sich nachts »verwegene Mannspersonen« ins Kloster. Die Schwestern fühlen sich keinen Augenblick mehr sicher. »Sie haben immerfort gelauert, ob ihnen keine alleine begegnen möchte. Das haben wir gemerkt und wir sind ohne Unterlaß miteinander gegangen. Das hat sie gar übel verdrossen.« Und rückblickend heißt es: »Die uns sollten beschützen und beschirmen, die

Gerettet: die Schädelreliquie der wundertätigen Euphemia. Die Schwestern nahmen sie mit nach Kirchberg. Heute kann man sie im Haus der Geschichte in Stuttgart betrachten.

hatten uns am meisten gequält und tribuliert.« Kanzler Achtsynit etwa sei »in die Zellen gelaufen, von einer zur anderen, als wäre er nicht bei Sinnen. Er hat ein so unzüchtiges Wesen und Gebaren gehabt mit Küssen und Lecken, besonders mit den Jungen. Es gab keine Zelle, wo er nicht gewußt hat, wo eine jede liegt.«

Noch im Februar 1564 glauben die Räte, die Nonnen bekehren zu können, und wollen sie nicht mit einer Abfindung ziehen lassen. Im Juni kommen zwei kaiserliche Abgesandte, die auch mit Vollmacht vom Ordensprovinzial ausgestattet sind, zum Markgrafen und man wird handelseinig: Gegen 10 000 Gulden, anstatt der ursprünglich geforderten 12 000, tritt das Kloster seine gesamten Besitzrechte an den Markgrafen ab. Weitere 1000 Gulden sollten sie für die zurückgelassenen »Fahrnisse«, das heißt für Vieh, Hausrat und Vorräte, bekommen. Diese Klausel legen die Räte dann denkbar großzügig zu ihren Gunsten aus. Bis zum Umzug nach Kirchberg, Ende September, machen die Schwestern noch eine schlimme Zeit durch. Sie wollen jetzt nur noch fort. »Sie haben uns auch so sehr bedrängt und ohne Unterlaß geängstigt, daß wir schier nicht mehr mögen haben und herumgegangen sind wie die tauben Mucken. Wir haben keinen anderen Trost mehr gehabt, als daß es nicht mehr lange dauern könnte.«

Mitte September schickt der Markgraf drei Kommissare, die alles inventarisieren und versiegeln, »alle Türen, alle Kästen, alle Kammern, alle Tröge, alle Keltern«. Die Schwestern müssen bereits Verpacktes wieder auspacken, manche Kisten werden zwei-, dreimal kontrolliert. Die Zellen werden zweimal durchsucht. Den Nonnen bleibt nur das Allernötigste. Von den Möbeln, dem Geschirr, den Vorräten nehmen sich die Kanzlisten das Beste. Auch liturgische Geräte und Heiligenbilder beschlagnahmen sie. Immerhin können die Schwestern das Kostbarste retten, das ihnen anvertraut ist: eine Reliquie, die sie als Splitter vom Kreuz Christi verehren, und das Haupt der Euphemia. Der Legende nach war Euphemia eine englische Königstochter aus dem 14. Jahrhundert, die sich weigerte den Mann zu heiraten, den ihr Vater für sie vorgesehen hatte, weil sie sich als Braut Christi betrachtete. Euphemia floh, als Bettlerin getarnt, und fand nach einer gefährlichen Irrfahrt Zuflucht im Kloster Pforzheim, wo sie, zunächst unerkannt, ein heiligmäßiges Leben führte. Den Wert dieser Reliquien wissen die Reformatoren nicht zu schätzen. Zum Glück für die Schwestern. Diese kommen sich vor wie unter die Räuber gefallen. Acht Tage dauert der Belagerungszustand. Dann die »Erlösung«. Am 21. und am 24. September 1564 verlassen 26 Chorfrauen und 13 Laienschwestern den Ort ihrer Drangsal.

Das Volk strömt zusammen und gibt ihnen bis weit über die Stadtgrenze hinaus das Geleit. Die Schwestern verabschieden sich mit demonstrativer Fröhlichkeit. Die Bürgerschaft vergießt Tränenströme. Vor allem die Armen klagen, und sie haben allen Grund dazu, denn für Almosen ist jetzt niemand mehr zuständig.

Der Amtmann, für den der Wegzug der Schwestern seine herbe Niederlage besiegelt, wird fuchsteufelswild, als seine Töchter ins allgemeine Klagen und Weinen einstimmen, und traktiert sie mit Schlägen und Fußtritten. Die Chronistin resümiert, dieses letzte Jahr sei das schlimmste gewesen und habe sie am meisten angegriffen, »und ich glaube ohne Zweifel, wären wir noch zu Pforzheim, so wären wir zerstört worden und nicht mehr beieinander«.

So befreiend der Aufbruch aus Pforzheim war, so ernüchternd gestaltete sich die Ankunft in Kirchberg. Das Kloster stand kurz vor seiner Auflösung. Im Bauernkrieg wurde es zweimal geplündert. Bald darauf zerstörte ein Feuer Teile des Klosters. Ende der 1520er-Jahre dezimierte eine Seuche die Schwestern. Mehrere Versuche, die Observanz der alten Ordensregeln wieder einzuführen, wehrten die Klosterfrauen ab. Finanzielle Sanierungsversuche scheiterten an unfähigen und betrügerischen Verwaltern.

Der aus der Not geborene Zuzug aus Pforzheim ist lebensrettend für das abgebrannte Kloster. Trotzdem sind die neuen Mitschwestern nichts weniger als willkommen. Fünf der verbliebenen sieben Kirchberger Frauen wollen die Neuen gar nicht erst hineinlassen. Jeder Einzelnen, die vom Wagen steigt, schallt ein Fluch entgegen. Das Refektorium ist vollgestellt wie ein Lagerschuppen. Es ist finstere Nacht. Eine nach der anderen stolpert im Dunkeln. Schließlich erbarmen sich die Mägde der Kirchbergerinnen und bringen Kerzen, die sie in Ermangelung von Leuchtern in Rüben stecken, »also hatten wir eine elende Nachtherberge, weder gegessen noch getrunken, eine Weile mehr geweint als gelacht«.

Die Chronistin kann sich des Stoßseufzers nicht enthalten: »O wie ein großes Gut hatten wir müssen verlassen, so wenig aber zu Kirchberg gefunden!« Auch sonst lässt das Kloster viel zu wünschen übrig. Denn die Kirchberger Schwestern sind eigentlich »keine rechten Klosterfrauen, sondern nur wie Stiftsfräulein«. Sie verfügen über Privatbesitz und wirtschaften mit ihrer Pfründe. Es herrscht keine Klostergemeinschaft, jede führt ihren eigenen Haushalt. Die Kirchberger Dominikanerinnen empfangen Besuche und genießen ein verbrieftes Recht auf Freizügigkeit. Das alles wollen sie ebenso wenig aufgeben, wie die Pforzheimerinnen die lutherische Lehre annehmen wollten.

»Wir hätten sie gern bei uns behalten, sie wollten aber nicht, sondern gingen hinaus zu ihren Verwandten in die Welt.« Von den Kirchberger Klosterfrauen bleibt nur eine: Maria Barbara von Rappenstein. Mit ihrer Kenntnis der örtlichen Verhältnisse ist sie den neuen Mitschwestern eine große Hilfe und wird bald darauf Klosterschaffnerin, später dann Priorin. Zunächst aber wird die Pforzheimer Subpriorin Anna Juliana Kirscher, die ihre Mitschwestern durch das letzte schlimme Jahr geführt hat, zur Priorin gewählt. 1567 kommen drei Schwestern aus dem Kirchheimer Dominikanerinnenkloster dazu, das im Zuge der Reformation aufgehoben worden ist. Zwei aus Wildberg vertriebene Schwestern und vier Chorfrauen aus Straßburg suchen Zuflucht in Kirchberg. Im Jahr 1575 stirbt Eva Magadalena Neyler.

Den Schwestern aus Pforzheim gelang nicht nur die geistliche Erneuerung, sondern auch die finanzielle Sanierung des maroden Kirchberger Klosters. »Es ist gar kein übles Zeichen, daß die Quellen über Kirchberg im 17. und 18. Jahrhundert so gut wie versiegen«, schrieb der württembergische Archivrat Rudolf Krauß anno 1894. »Denn der Satz, der von den Frauen im allgemeinen gilt, daß die, von denen man am wenigsten zu sagen weiß, die besten sind, findet auf Nonnen ganz besonders Anwendung.«
Amen.

Powerfrau im Chormantel: Die Buchauer Fürstäbtissin Katharina von Spaur

» **B**uchau ist eher als ein Kloster eine Gemeinschaft von Kanonissen oder Klosterfrauen, die von adliger, alter Abstammung, bekannt durch ihre Ahnentafeln, und dennoch von jeder Art geistlichem Stand, Gelübden oder Versprechen unberührt und gänzlich frei sind.« Die Stiftsdamen dürfen sogar heiraten, »nur die Äbtissin ist wegen der bischöflichen Weihe zur Ehelosigkeit verpflichtet«, schreibt der böhmische Humanist und Dichter Kaspar Brusch in seinem 1551 erschienenen Klosterbuch. Die Damen des freiweltlichen Stifts Buchau unterlagen aber einer Residenzpflicht und hatten Gebetsverpflichtungen. Im Gegenzug erhielten sie ihre Präbende, eine Rente aus den Einkünften des Stifts. »Wir verleihen dir diese Pfründ um Gottes, Singens, Lesens und Betens willen und Gott zum Lob und denen Armen Seelen zum Trost«, lautete die Formel bei der »Bemäntelung« der Buchauer Stiftsdamen. So hieß die Zeremonie, bei der ihnen der Chormantel als Zeichen ihrer Würde überreicht wurde. Das Damenstift war mithin eine geistlich-weltliche Melange: klösterlich, aber kein Kloster, weltlich, aber mit religiösen Bindungen.

Man darf sich die Gebetsverpflichtungen der Stiftsdamen allerdings nicht allzu streng vorstellen. Auch eine besondere Frömmigkeit war nicht erforderlich. Eine Aufstellung aus dem

Jahr 1602 belegt die Zahlung von zehn Gulden für die»Lehrfrau, die das Fräulein beten lehrt«. Nur im Probejahr waren die Fräulein gehalten, sich regelmäßig beim Chorgebet und dem täglichen Gottesdienst blicken zu lassen. Es blieb genügend Muße für das gesellschaftliche Leben, für Kartenspiel, Musik, Festivitäten, Badereisen und Verwandtenbesuche, da sich die Residenzpflicht auf drei Viertel des Jahres beschränkte. Die Damen trugen weltliche Kleidung, so chic und modisch, wie ihre Mittel es erlaubten. Selbst der Chormantel – edler Stoff, aufwändig verarbeitet – orientierte sich wie der gesamte Lebensstil am höfischen Vorbild. Getragen wurde er nur zu offiziellen Anlässen: an hohen kirchlichen Feiertagen, bei Prozessionen, Patronats- und Stifterfesten, bei der Äbtissinnenweihe. Und bei der Hochzeit einer Stiftsdame. Das Damenstift war also beileibe kein Abstellplatz für überzählige Adelstöchter, sondern eine willkommene Alternative zur Ehe. Die Damen verfügten selbständig über ihr Vermögen, führten ein»bequemliches«, standesgemäßes Leben, sie genossen hohes Ansehen, waren begehrt als Taufpatinnen. Und wenn ein Fräulein sich doch zur Ehe entschloss, konnte sie immer noch heiraten. Vielleicht stand ja schon eine Schwester der Braut parat, um auf den frei gewordenen Stiftsplatz nachzurücken.

Das freiweltliche adlige Damenstift zu Buchau am Federsee war, gemäß einer Urkunde, die Papst Martin V. 1417, noch während des Konstanzer Konzils, verabschiedete, für eine Äbtissin, zwölf Chorfrauen, vier weltliche Chorherren und zwei ständige Kapläne gedacht. Die Damen und die Chorherren bildeten zusammen mit der Äbtissin das Stiftskapitel, das die innere Ordnung des Stiftes, die Verwaltung der Güter und die Regierung der zum Stift gehörenden Dörfer regelte. Kaiser Maximilian stellte Stift Buchau im Jahr 1495 unter den Schutz des Bischofs von Konstanz, des Fürstabts von Kempten sowie der Grafen von Werdenberg und Fürstenberg. Sie sollten an Stelle des Kaisers den Schutz des Stifts gewährleisten und dessen Rechte gegen jedermann verteidigen.

Wie die benachbarte Freie Reichsstadt Buchau war auch das Stift reichsunmittelbar, das heißt, es unterstand dem Kaiser di-

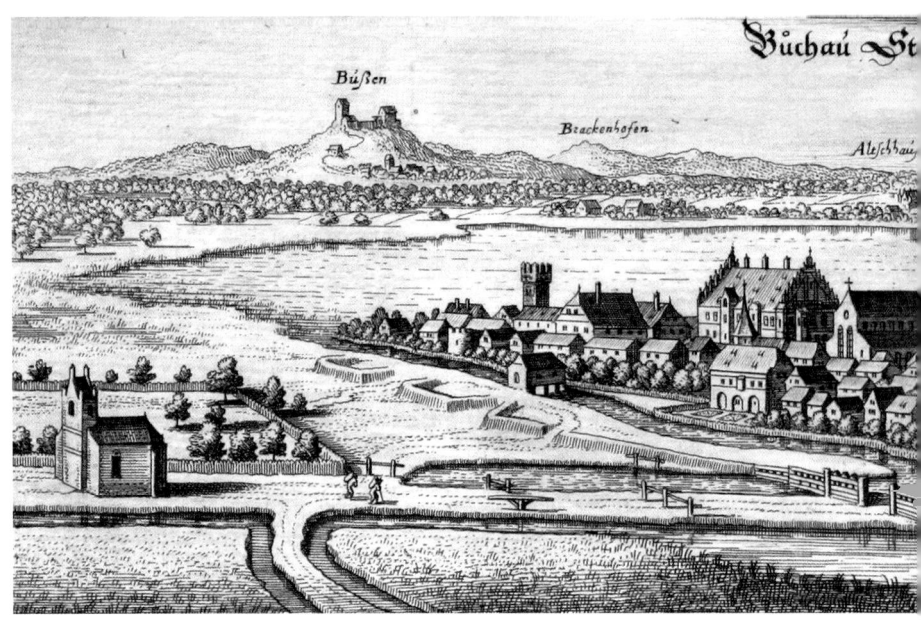

Die Stiftsdamen hatten Residenzpflicht, aber nur drei Viertel des Jahres. Es blieb genügend Zeit für Badereisen und Verwandtenbesuche. Stadt Buchau und Stift am Federsee im 17. Jahrhundert.

rekt. Die Äbtissin, Reichsfürstin qua Amt, hatte Sitz und Stimme im Reichstag, im schwäbischen Reichskreis und im Grafenkollegium, einer Art Adels-Interessengemeinschaft. Ebenso wie jeder Landesherr besaß sie die Oberhoheit über ihre Untertanen in den Dörfern, die zum Stift gehörten, und übte die Gerichtsbarkeit aus. Sie besetzte die Chorherren- und Kaplanstellen des Stifts, vergab Hofämter und Lehen, ernannte und entließ die Pfarrer in den Kirchen der stiftischen Dörfer. Begrenzt nach innen waren ihre Machtbefugnisse nur durch ein gewisses Mitspracherecht des Stiftskapitels, das meist vor der Äbtissinnenwahl ausgehandelt wurde.

In weltlichen Belangen unterstand Stift Buchau dem Kaiser, in geistlichen dem Bischof von Konstanz. Aber auch das schwäbische Grafenkollegium machte seinen Einfluss geltend, vor allem bei der Besetzung der begehrten Damenstellen. Denn die Tradition, schwäbische Grafentöchter aufzunehmen, hatte sich im Lauf der Jahrhunderte zum Gewohnheitsrecht verfestigt, das

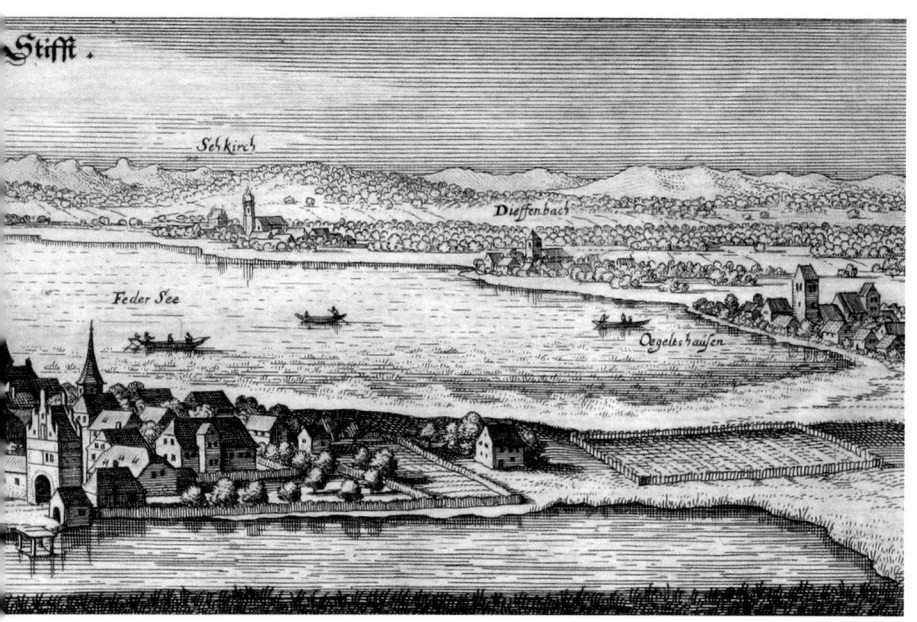

die Grafen eifersüchtig verteidigten. Da das Stift mit den Gütern schwäbischer Grafenfamilien ausgestattet worden sei, argumentierten sie, sei es nur recht und billig, dass dies den Nachfahren zugutekommen sollte. Die Rechte und Kompetenzen der jeweiligen Instanzen mussten immer wieder neu ausgehandelt und erstritten werden, wobei das Stift von alters her seinen geistlich-weltlichen Mischcharakter nutzte, um Bischof, Kaiser und Grafenkollegium gegeneinander auszuspielen und so seine Unabhängigkeit zu wahren. Auch Katharina von Spaur, Pflumb und Valor, Fürstäbtissin von 1610 bis 1650, verstand es, auf dieser Klaviatur zu spielen. Nach dem Urteil des Historikers Bernhard Theil, der die Geschichte des Stifts Buchau untersuchte, war sie eine »besonders herausragende« und »zweifellos seine politisch aktivste Äbtissin«.

Geboren um 1580, wurde sie 1594 auf Betreiben des Truchsess von Waldburg zur Aufnahme vorgeschlagen, »obwohl Ausländerin«, was nicht unproblematisch war. Denn immer wenn durch Heirat, Tod oder Austritt einer Stiftsdame ein Platz frei wurde, standen die Bewerberinnen Schlange. Der Adel der Anwärterin

musste alt und über jeden Zweifel erhaben sein. Vier, in vornehmeren Stiften sogar acht gräfliche Vorfahren jeweils von Mutter- und Vaterseite musste die Ahnenprobe damals aufweisen. Die Grafen- und Fürstenhäuser der Umgebung waren in fast jeder Generation mit einem weiblichen Mitglied vertreten, so dass ein Netzwerk von Verwandtschaftsbeziehungen die Stiftsdamen miteinander verband. Und das Bestreben, unter sich zu bleiben. Doch gegen Ende des 16. Jahrhunderts wurde diese Exklusivität ausgehöhlt, durch österreichische Damen, die nicht dem Hochadel angehörten. Eine davon war Katharina von Spaur. Die Spaurs stammten aus einer alten Tiroler Freiherrenfamilie aus der Gegend von Trient und legten beträchtliches Aufstiegsstreben an den Tag. Drei Schwestern wurden Äbtissin: Katharina in Buchau, Maria Clara im Essener Stift, das noch nobler als das Buchauer war, Anna Genevra im Kloster Sonnenburg im Pustertal. Veronika war bis zu ihrer Heirat mit Graf Alwin von Sulz ebenfalls Stiftsdame in Buchau und wurde Obristhofmeisterin der Erzherzogin Claudia in Innsbruck. Katharinas Nichte Maria Isabella, Buchauer Stiftsdame von 1626 bis 1630, heiratete den Reitergeneral Jan von Werth. Katharinas Bruder Dominikus Vigilius von Spaur war Obrist im Heer der Katholischen Liga, wurde Erbschenk und Landeshauptmann von Tirol.

Im Jahr 1600, vier Jahre nach ihrer Aufnahme in Buchau, schlug Katharina ihre Schwester Maria Clara (die später Fürstäbtissin des Stifts Essen wurde) für eine Pfründe vor. Zehn Jahre später, im Juli 1610, als sie gerade das für das Amt erforderliche Mindestalter von 30 Jahren erreicht hatte, wurde Katharina zur Äbtissin gewählt. Offenbar gegen eine starke Rivalin. Dorothea von Mörsberg, die aus einer elsässischen Familie stammte, war kurz vor Katharina ins Stift eingetreten. Sie bekleidete die Würde der Seniorin, das heißt der dienstältesten Stiftsdame. Die Seniorin vertrat das Kapitel nach außen und hatte während einer Äbtissinnenvakanz das Stift zu führen.

Gegenüberliegende Seite: Das Deckengemälde von Andreas Brugger – es zeigt die letzte Fürstäbtissin Maximiliane von Stadion mit ihren Stiftsdamen – entstand zwar erst ein Jahrhundert nach Katharinas Amtszeit, vermittelt aber einen lebhaften Eindruck vom herrschaftlichen Selbstverständnis der Buchauer Äbtissinnen.

Gräfin Dorothea wäre eine passende Wahl gewesen, aber sie unterlag. Es war üblich, dass der zuständige Bischof von Konstanz die Eignung einer Kandidatin für das Amt prüfte, ehe er seine Wahlbestätigung erteilte und die Äbtissinnenweihe vornahm. Immer wieder hatten sich Äbtissinnen unter Hinweis auf die Selbständigkeit des Stifts gegen diese Examinierung gewehrt. So auch Katharina. Deshalb verzögerte sich ihre Weihe bis November. Erst dann leistete sie dem Bischof den Treueid, den sie bis dahin verweigert hatte.

Katharinas dominanter Führungsstil rief bald eine Opposition auf den Plan, angeführt von ihrer Gegenspielerin Dorothea von Mörsberg und dem Stiftssekretär Gabriel Leuthold. Gleich bei ihrem Amtsantritt hatte sie »alles alte Silbergeschirr« einschmelzen, umarbeiten und mit dem Spaurschen Wappen verzieren lassen, Geschirr, »welches man doch als besonderen Schatz bei einem solchen alten Stift wohl sollte verwahrt und allein in der größten Not angegriffen haben«, klagte Stiftssekretär Leuthold. 1611 verschaffte Katharina ihrer Schwester Veronika einen Platz im Stift. Als sie 1618 eine weitere Schwester aufnahm, protestierte das Grafenkollegium. Dass eine Schwester die andere nachzog oder eine Tante ihre Nichte im Stift unterbrachte, war nicht ungewöhnlich und entsprach der Familienraison in Adelskreisen. Aber bei Katharina drängt sich der Verdacht auf, dass sie mit der Begünstigung ihrer Familie übers Ziel hinausschoss, zumal sie auch ihrem Bruder Christoph erlaubte, mit vielem »welschen Gesind« im Stift zu wohnen.

Katharinas Gegenspielerin Dorothea von Mörsberg bat den Truchsess von Waldburg um Schutz vor den »welschen Praktiken« der Äbtissin. Worauf diese sie aus dem Kapitel ausschloss. Stiftssekretär Gabriel Leuthold beschwerte sich in mehreren Denkschriften über Katharina, diese warf ihm die Vernachlässigung seiner Amtspflichten vor, er ihr Verleumdung. Schließlich feuerte sie den unbequemen Sekretär wegen Unfähigkeit, ließ ihn verhaften und sein Vermögen einziehen. Ein Personalwechsel auf mehreren Stellen in den Jahren 1615/16 deutet darauf hin, dass Katharina langjährige, womöglich missliebige Amtsträger durch Bedienstete ersetzte, die ihr ergeben waren. Katharina scheute auch nicht vor der weiten Reise nach Wien zurück, um dem Kaiser ihre Sicht der Dinge selbst vorzutragen. Doch schließlich musste sie den Stiftssekretär auf kaiserlichen Befehl rehabilitieren, ebenso Dorothea von Mörsberg. Ihr gegenüber hatte Katharina am Ende aber doch den längeren Atem. Gräfin Dorothea verheiratete sich Anfang 1620 und beklagte sich beim Bischof von Konstanz, sie sei aus dem Stift vertrieben worden.

Immer wieder schickte der Kaiser Kommissionen nach Buchau, um Katharinas Amtsführung zu überprüfen. Einmal kam es zu einer Vereinbarung, die die Rechte zwischen der Äbtissin und dem Kapitel regelte, die Ausgaben für Bauten, Gäste und Unterhaltung deckelte, Rechnungsprüfungen bestimmte. Auch musste Katharina den Vorrang schwäbischer Gräfinnen bei der Vergabe der Stiftsplätze anerkennen. Der Friede hielt aber nicht lange. Als der Kaiser erneut eine Kommission bestellte, bat Katharina den Erzherzog Maximilian, der die österreichischen Vorlande und Tirol regierte, um seinen Schutz. Der Erzherzog legte Truppen ins Stift, was wiederum das Grafenkollegium aufbrachte. Die Truppen wurden abgezogen, die Kommission ausgesetzt, der Streit verschärfte sich weiter. Katharina machte den geistlichen Status ihres Stifts geltend und zog vor das päpstliche Gericht. Auch der Bischof von Konstanz beschwerte sich bei Papst und Kaiser, dass die Kommissionen, die sich unter wechselnder Leitung bis in die 1620er-Jahre hineinzogen, seine Gerichtsbarkeit über das Stift unterminiere.

Ende 1625 machte Katharina erneut von sich reden, als Georg Dietrich von Westerstetten, der Lehensinhaber der Herrschaft Straßberg, ohne Nachkommen starb. Der Tote war noch kaum unter der Erde, da zog sie mit einem Trupp Bewaffneter nach Straßberg, besetzte die Burg und zog das Lehen ein, das aus dem Städtchen, der Burg und zwei Dörfern bestand. Sie ließ ihre neuen Untertanen Gehorsam schwören und bedachte sie mit einem »Gnadenbrief«, in dem sie ihre alten Rechte und Pflichten bestätigte und die Leibeigenschaft aufhob. Der Rechtsstreit mit den Erben des Verstorbenen zog sich jahrelang hin, bis er schließlich zugunsten Katharinas entschieden wurde, die die Burg als Sommerresidenz und Rückzugsort nutzte. Zwischen 1635 und 1650 erfüllte sie ein Gelübde: Wenn sie in dem Streit obsiegte, so hatte sie versprochen, wolle sie eine Kirche in der Burg bauen lassen.

Ab 1628 gab es neue, schwere Sorgen. Bis dahin hatte der Krieg zwischen Katholiken und Protestanten, der 1618 mit dem Prager Fenstersturz begann, den Südwesten des Reiches weit-

gehend verschont. Jetzt aber drohte Gefahr, und zwar nicht von den protestantischen Feinden, sondern vom Generalissimus der kaiserlichen Armee, Albrecht von Wallenstein. Dessen rücksichtslose Kriegsführung war den oberschwäbischen Landesherren ein Dorn im Auge: die gewaltigen Kontributionen, die er den kaisertreuen Ständen auferlegte, die Truppendurchmärsche und Einquartierungen, die Plünderungen und die Übergriffe der Soldaten gegen die Bevölkerung. Als der Reichsstadt Biberach im Februar 1628 die Einquartierung von 7000 Reitern angekündigt wurde, schrieb der dortige Ratskonsulent einen Brief an die Buchauer Äbtissin, in der Hoffnung, sie könne ihre guten Beziehungen zum Erzherzog nutzen, um die drohende Einquartierung abzuwenden. Er verwies auf die schlechten Erfahrungen in Straßberg, wo Fußvolk in Quartier gelegen habe, das immerhin noch »besser als die Reiter zu ertragen« gewesen sei. Im Frühsommer 1628 versammelten sich die Vertreter der oberschwäbischen Reichsstände in Riedlingen und machten ihrem

Katharina unterhielt gute Kontakte zum Innsbrucker Hof. Das Bronzerelief aus dem Jahr 1628 zeigt Erzherzog Leopold V. und seine Frau Claudia de Medici, mit denen die Fürstäbtissin Briefe wechselte.

ALBERTVS D.G.DVX FRIDLANDIÆ SAC.CÆS.MA.CONSILIARI
BELLIC.CAMERARI, SVPREM.COLONELL, PRAGENSIS.ET
EIVSDEM MILITIÆ GENERALIS

Unmut gegen den Kaiser Luft. Katharina war eingeladen, aber nicht anwesend und ließ sich vom Verlauf des Treffens berichten. Was sie hörte, beunruhigte sie zutiefst. Die oberschwäbischen Reichsstände erwogen ernstlich, Seiner Majestät dem Kaiser die Loyalität aufzukündigen. Als gebürtige Tirolerin und österreichisches Landeskind war Katharina dem Haus Habsburg zugetan und wollte nicht tatenlos dabei zusehen.

Am 20. Juni 1628 schrieb sie einen Brief an den Bruder des Kaisers, an Erzherzog Leopold, der 1619 Statthalter von Vorderösterreich und Tirol geworden war, und stellte ihm die Misere klar und deutlich vor Augen. Sie könne gar nicht genugsam schildern, wie über die kaiserliche Majestät vielerorts »schimpf- und spottlich« geredet werde, so dass »einer Person, die dem hochlöblichen Haus Österreich wohlwill, gleich das Herz zergehen sollte«. Sie bat Leopold, beim Kaiser zu intervenieren. Wenn er den katholischen Ständen nicht bald zu Hilfe käme, würden sie zugrunde gerichtet und er, der Kaiser, fände, wenn er in Not geriete, bei ihnen keine Hilfe mehr. Wenn der Kaiser seinen Generalissimus Wallenstein weiterhin so schrankenlos schalten und walten lasse, anstatt seine Machtbefugnisse zu beschneiden, sei »am Ende der Untergang zu befürchten«. Sie glaubte auch, dass Wallenstein mit Venedig und anderen Feinden des Kaisers möchte »unter der Decke liegen und verbündet sein, weil er so viele Feindtätlichkeiten in diesen Landen und unter den gehorsamen Ständen durch seine Soldateska verübt«. Gerüchten zufolge habe Wallenstein die meisten kaiserlichen Räte und sogar den Beichtvater Seiner Majestät mit immensen Geldbeträgen bis zu 50 000 Gulden bestochen. Somit sei zu befürchten, dass Briefe an den Kaiser, auch von seinem eigenen Bruder, ihr Ziel gar nicht erreichten.

Solche Brandbriefe bekam Erzherzog Leopold zuhauf, aber Katharina ging noch einen Schritt weiter. Sie erbot sich, selbst vor den Kaiser zu treten, da sie in Stiftsangelegenheiten ohnehin nach Wien reisen müsse. Dort wolle sie dem Kaiser ein Schrei-

Gegenüberliegende Seite: Albrecht von Wallenstein, Generalissimus der kaiserlichen Armee. Für die oberschwäbischen Reichsstände war er eine Landplage, gegen die man sich zur Wehr setzte. Kupferstich eines unbekannten Künstlers, etwa 1625.

ben Leopolds »aller untertänigst präsentieren« da eine »Weibsperson« unauffällig und unverdächtig sei und deshalb gewiss zu Seiner Majestät vorgelassen werde. Außerdem war sie gesonnen, »einen Fußfall zu tun« und dem Kaiser reinen Wein über die Zustände in Oberschwaben einzuschenken. Sie wollte ihm die Gefahr für sein Land vor Augen führen und ihn überreden, Wallenstein »überfallen und ihm den Garaus machen zu lassen, was leichtlich zuwege zu bringen wäre«, nämlich »durch die Hilfe eines Obristen, der dem Wallenstein nicht wohlgesonnen ist, mit dem Versprechen, ihn zum General zu machen und ihm etwelche von dessen [Wallensteins] Herrschaften zu übergeben«. Ausführen solle den Anschlag ihr Bruder Dominikus Vigilius von Spaur, ein Obrist der Katholischen Liga, der in der Gunst Leopolds stand. So verband Katharina mit der Beseitigung des verhassten Generalissimus auch das Vorankommen ihrer eigenen Familie und äußerte den frommen Wunsch: »Verhoff also, Gott der Allmächtige, weil solches aus guter Absicht geschieht, werde seinen Segen dazu geben.«

Sie bat Erzherzog Leopold, das Schreiben niemandem zu zeigen und sogleich zu verbrennen und erklärte, »weiß Gott, was ich tue, tue ich aus treuem, wohlmeinendem Herzen«. Ins Feuer geworfen hat der Erzherzog den Brief nicht, denn dieser fand seinen Weg ins Tiroler Landesarchiv. Leopold beantwortete ihn höchstselbst, wie eine Notiz auf dem Brief besagt, eine Kopie ist nicht überliefert. Ob und wie er sich zu ihrem Mordplan äußerte, ebenfalls nicht. Doch als Wallenstein am 25. Februar 1634 in Eger tatsächlich ermordet wurde, steckte ein anderes Komplott dahinter als das von Katharina geschmiedete.

Im Frühjahr 1632 rückte König Gustav Adolf von Schweden nach Süddeutschland vor. Trotz eines schwedischen Schutzbriefs flüchtete Katharina mit allen Stiftsfräulein und Beamten ins schweizerische Rapperswil, wobei auch der ganze Viehbestand, »61 Stück Vieh, alles Kühe und Jährlinge wie auch ungefähr 27 Pferde«, mitgenommen wurde. Schon im November klagte sie, zur Untätigkeit verdammt, über Langeweile »im Kuhland«. Ehe sie 1634 nach Buchau zurückkehrte, schenkte sie der

Stadt Rapperswil zum Dank einen Silberpokal mit ihren Initialen. Auch der Kaiser hielt seine schützende Hand über das Stift. 1634 befreite er es von Einquartierungen und anderen »Kriegsbeschwerlichkeiten« und 1636 stellte er ihm einen förmlichen Schutzbrief aus.

Trotzdem musste Katharina den kriegsbedingten Niedergang ihres Stifts erleben: Zerstörte Gebäude, desolate Finanzen, sogar der Kirchenschatz musste verpfändet werden. Zwischen 1643 und 1645 bat Katharina um Erlaubnis, ihren Wohnsitz in die Freie Reichsstadt Biberach verlegen zu dürfen. 1648 war der Krieg zu Ende, das Stift stand vor dem Ruin und Katharina erkrankte schwer. Sie zog sich auf Burg Straßberg zurück. Es gab inzwischen nur noch drei Stiftsdamen, die aber alle nicht in Buchau lebten. Den Wiederaufbau des Stifts, das sich von den Schäden des Krieges nie wieder völlig erholte, musste Katharina ihrer Nachfolgerin überlassen. Sie starb am 31. März 1650 in Straßberg. »Nach einer 40jährigen Regierung legte sie, reich an Verdiensten und Erfahrungen, geprüft und geläutert im Feuerofen der Trübsal, den Abteistab nieder und ging zur wohlverdienten ewigen Ruhe ein«, würdigte der Geistliche und Heimatforscher Johann Evangelist Schöttle Ende des 19. Jahrhunderts die barocke Powerfrau.

Ein Kloster wird attackiert:
Die Kriegschronik der
Villinger Klarisse Juliane Ernst

» tem, am 29. November 1632 wird unsere Stadt von zwei Trompetern unter Androhung von Pech und Schwefel zur Übergabe aufgefordert. Es ist der Abend vor dem St. Andreastag gewesen. Daraufhin hat man angeordnet, dass sich alle Häuser in der Stadt mit Wasser auf den Dächern versehen müssen. In unserem Kloster haben wir auf alle Speicher und Dächer Zuber und große Waschgelten gestellt. Mit großem Schrecken, unter Weinen und Seufzen, haben wir Wasser hinaufgetragen. Am Andreastag haben wir die größten Waschgelten im Garten mit Wasser gefüllt und dort aufgestellt. Es sind keine Kübel und Gelten mehr im Haus gewesen, die nicht mit Wasser gefüllt waren. Wir haben keinen Augenblick gewusst, wann uns der Feind überfällt. Wir haben auch Viehhäute in Gelten gelegt und in Wasser eingeweicht, damit wir das ausbrechende Feuer ersticken können. Zwei Tage lang haben wir genug Wasser getragen, neben dem Chorgebet und der Hausordnung, denn trotz der Angst und dem Schrecken haben wir unsere Gebete und die Hausordnung eingehalten. Wir haben wenig gegessen und geschlafen und sind alle in der Konventsstube gelegen. Keine von uns hat ruhig schlafen können. Unsere ehrwürdige Frau Mutter Äbtissin hat angeordnet, dass wir

Gegenüberliegende Seite: Das Klarissenkloster am Bickentor (siehe Ausschnitt) und die Stadt Villingen müssen in den 1630er-Jahren drei Belagerungen durchstehen.

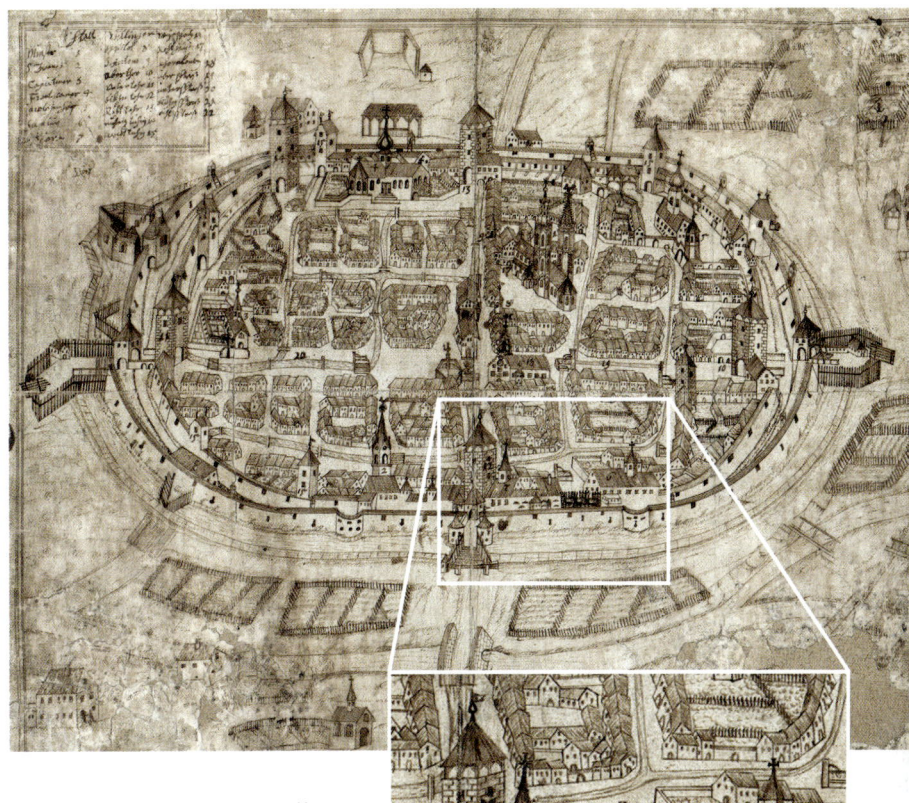

alle die Habite tragen sollen, um jederzeit für alle Fälle gerüstet zu sein.«

Vor der Stadt Villingen, die zu Vorderösterreich gehört und katholisch ist, haben sich protestantische Truppen zum Angriff gesammelt: Schweden und die mit ihnen verbündeten Württemberger. Seit Jahresanfang ist der gefürchtete schwedische Heerführer, König Gustav Adolf, mit seiner Armee unaufhaltsam nach Süddeutschland vorgestoßen. »Der Schwede nimmt überhand und [...] verbrennt und verdirbt alle Dörfer und Flecken, dass man etliche Meilen über Leichen, über Ross und Vieh gehen muss. Alles ist durcheinander. Die Felder liegen brach, kein Mensch kann sobald mehr anbauen.« Während in Buchau die Fürstäbtissin Katharina von Spaur versucht, ihr Stift durch politische Aktionen zu schützen, und schließlich mit ihrem Konvent im schweizerischen Rapperswil Zuflucht findet, steht den Villinger Klarissen diese Möglichkeit nicht zu Gebot. Sie erleben und erleiden die Schrecken des Krieges hautnah. So, dass man die Kugeln pfeifen hört, wenn man Juliane Ernsts Kriegschronik liest. Die Chronistin stammt aus dem Villinger Bürgertum. Geboren 1588, ist sie jetzt Mitte vierzig, Konventsschreiberin und seit ihrer Jugend im Kloster St. Klara am Bickentor »eingeschlossen«, das heißt in strenger Klausur lebend. Als kontemplativer Orden widmet sich der zweite Orden des heiligen Franziskus (nach seiner Gründerin Chiara dei Scifi als »Klarissen« bezeichnet) dem Gebet und der frommen Betrachtung, vor allem auch der feierlichen musikalischen Ausgestaltung des Gottesdienstes. Die Klausur wird ernst genommen und streng eingehalten. Solange es geht.

Ende Mai 1632 haben sich Württemberger Abgesandte in Villingen angekündigt, zum Verhandeln. Mit »guten und glatten Worten« bieten sie der Stadt als »guter Nachbar« Schutz vor fremden Fürsten und Überfällen an, bis der Kaiser wieder mächtig sei und Frieden herrsche. Ohne Rücksprache mit der vorderösterreichischen Regierung will sich der Villinger Rat, der durch Treueid gebunden ist, nicht auf das Angebot einlassen. Die Bürgerschaft ist unschlüssig. Sich wehren oder »schwedisch werden«, das ist die Frage. Denn dass es den Schutz der Protestanten nicht umsonst gibt, können sie sich ausrechnen. Die Regierung handelt schnell, sie beauftragt den Obristen Johann Werner Äscher – »ein gewaltiger Kriegsheld« – mit der Verteidigung der Stadt. Inzwischen verlangen die Schweden Proviant und Kriegskontributionen. Die Stadt weigert sich. Doch dann geht die Kriegsgefahr »durch besondere Fügung Gottes« an der Stadt vorüber, weil der Schwedenkönig alle seine Soldaten nach Nürnberg ruft.

Aber schon im Herbst stehen die Feinde wieder vor den Toren. Der württembergische Generalquartiermeister, ein Herr von

Gültlingen, meint es gut mit der Stadt. Sagt er. Der Schwedenkönig habe viele eroberte Städte an fremde Fürsten verschenkt.
Um zu verhindern, dass Villingen, das an Württemberg grenzt,
ein Gleiches widerfährt und »um die gute Nachbarschaft zu erhalten«, habe der Herzog eine Armee von 10 000 Mann herbe-
ordert. Er, Gültlingen, habe den Befehl, »alle Orte in Güte unter
seinen fürstlichen Schutz und Schirm zu stellen«. Wer sich ihm
nicht unterwirft, soll mit militärischer Gewalt dazu gezwungen
werden. Rottenburg, Horb, Oberndorf, Schömberg und Rottweil hätten sich bereits unter den Schutz Württembergs gestellt.
Der Unterhändler verspricht, »uns bei unserer lieben Religion
und Privilegien, unseren bisherigen Rechten und Gerechtigkei-
ten zu lassen, und uns nicht im geringsten zu belästigen. Wir
sollen auch von allen Heeresdurchzügen, Einquartierungen und
Musterungen gesichert und verschont bleiben«. Alles Worte, die
im Ernstfall nicht mehr viel gelten, fürchtet man in Villingen.
Rat und Bürgerschaft versammeln sich in der Barfüßerkirche,
um sich zu beraten. Der Württemberger hat, um seiner Drohung Nachdruck zu verleihen, seine »ganze Armada« auf dem
Bickenberg aufmarschieren lassen. Die Geschütze sind auf die
Stadt gerichtet. Die Gebäude des Klarissenklosters liegen längs
der Stadtmauer, in unmittelbarer Nähe des Bickentors, direkt in
der Schusslinie.

Die Zeichen stehen auf Sturm. Alle haben Angst. Die
Schwestern packen ihre wenigen Habseligkeiten in Bündel,
um für den Notfall bereit zu sein. Sie wenden sich an ihre
Seelsorger um Rat: ihren Beichtvater Johannes Kneyer aus
dem Franziskanerkloster und den »wohlehrwürdigen« Pater
Ludwig Ungelehrt, Guardian der Franziskaner in Speyer, den
der Krieg aus seinem Kloster vertrieben hat. Sie »haben uns
zugeredet, dass wir uns nach einem anderen Haus umsehen
sollen, falls die Feinde uns vom Bickenberg her überfallen.
Sie haben uns auch geraten, weltliche Kleider anzuschaffen,
damit wir nicht gleich als geistliche Frauen erkannt werden,
denn die Feinde seien grausam und schändlich mit den geistlichen Personen umgegangen, wenn sie solche angetroffen ha-

ben«. Die Schwestern versammeln sich bei der Pforte. »Wir haben nicht gewusst, wie es uns ergehen wird.« Während der Morgenmesse herrscht großer Lärm. Am Nachmittag zieht der Feind ab, »in die Flecken und Dörfer unserer Stadt und [hat] Nachtquartier genommen und [ist] erschrecklich mit den Untertanen umgegangen und [hat] alles ausgeplündert, verheert, verdorben und fortgetrieben«.

Am 15. Oktober ziehen die feindlichen Truppen weiter gegen Fürstenberg und Hüfingen, wo sie ein Blutbad anrichten. Von da an bis zum Beginn der Belagerung im Januar bauen die Feinde eine Drohkulisse auf. Täglich lassen sich ein paar Dutzend Reiter auf dem Bickenberg sehen, »man ist nirgends mehr sicher gewesen, er hat Rosse und Vieh gestohlen, es ist Not über Not gewesen«. Der Inhalt eines Getreidespeichers, der dem Kloster gehört, wird vom Vogt, der zu den Protestanten hält, an die Schweden ausgeliefert, »also haben wir müssen bitteren Mangel leiden [...] vom 32er bis zum 38er Jahr, Gott erbarme sich unser«.

Am 7. November trifft Obrist Äscher mit 520 Mann ein und übernimmt das Kommando über die Stadt. Er lässt die Verteidigungsanlagen verstärken, Tore und Mauern befestigen, eine Pulvermühle bauen, Geschütze positionieren. Er teilt Wachen ein, macht »Bürger zu Dragonern« und verstärkt so die relativ schwache militärische Besatzung der eingeschlossenen Stadt. Der innere Graben wird mit Wasser gefüllt, das den Klosterkeller überschwemmt. Dort haben die Schwestern alles, was Wert hat, in einem Gewölbe untergebracht und die Öffnung zumauern lassen: liturgische Geräte, Zinsbriefe, das, was an Silbergeschirr noch nicht für Lebensmittel verkauft worden ist, Truhen mit Kleidungsstücken, die wenigen persönlichen Habseligkeiten, an denen die Schwestern hängen, Bilder, Chorgewänder und Geschirr. Vom inneren Graben dringt Wasser in den Keller und steigt so hoch, dass es den Knechten bis unter die Arme reicht. Die Maurer müssen das Gewölbe wieder aufbrechen und die schwimmenden Gegenstände herausziehen. »Wir haben die Kutten und Pelze wie Hemden ausgewunden, mit Kleie übersät und trocknen lassen [...], dann wieder in den Trögen geborgen und diese hinter Dielen und Brettern versteckt. [...] Das Wasser ist über zwei Jahre im Graben und Keller gestanden. Im Winter ist es zugefroren, dass wir auf ihm gehen konnten, im Sommer sind kleine Fischlein darin gewesen. Das Wasser drang bis zur Konventsstube und [zum] Ofen; wir haben nicht mehr heizen können und haben in der Krankenstube gewohnt.«

Obrist Äscher unternimmt Ausfälle und Beutezüge ins Umland. Es kommt zu Scharmützeln mit Toten, Verwundeten, Vertriebenen. Höfe brennen, Lebensmittel werden geraubt. Die feindlichen Truppen nehmen Offenburg, Freiburg und andere Städte ein, Breisach ist eingeschlossen. Villingen versucht, mit einer zahlenmäßig eher kleinen militärischen Besatzung standzuhalten, und Obrist Äscher gibt zu, er setze seine Hoff-

Gegenüber-
liegende Seite:
1632 – kapitulieren
oder standhalten?
Villingen unter
Beschuss.

nung eher auf Gottes Barmherzigkeit und die Hilfe der Himmelskönigin als auf die versprochene militärische Unterstützung.

Am 29. November bereiten sich Stadt und Kloster, wie eingangs geschildert, auf einen Angriff vor. Pater Ludwig Ungelehrt weiht kübelweise Weihwasser. Wenn man die Häuser damit besprengt, so heißt es, fangen sie nicht so leicht Feuer. Wieder packen die Schwestern ihre Habseligkeiten und verstecken, was sie nicht mitnehmen können. Sie brechen ein Loch in eine Mauer, damit man ihnen zu Hilfe kommen kann, wenn die Pforte versperrt würde. Und auch, damit der Beichtvater notfalls hereinkann, um einer todkrank darniederliegenden Schwester die Sterbesakramente zu spenden. Die Villinger kämpfen tapfer, aber die Übermacht ist groß. Wieder steht die Frage der Übergabe im Raum. Die Feinde bieten gute Bedingungen an: Den Soldaten soll nichts geschehen und die Stadt dürfe ihre hergebrachten Freiheiten behalten. Oder sie werde zugrunde gerichtet. »So sitzen wir, wie es heißt, zwischen Tür und Angel und werden bedrückt. Alle Menschen sind in großen Ängsten und Nöten. Die einen wollen sich wehren, die anderen wollen die Stadt übergeben.«

Im Kloster beten und singen die Schwestern und rufen Gott um Hilfe an. »Wir sind wie die Fliegen an der Wand gewesen, keine hat sich selber mehr gleich gesehen. Die Bedrohung und die Einschließung dauern gar so lang.« Doch dann wird die schwedische Armee nach Schwaben abberufen. Die Villinger haben es jetzt nur noch mit den Württembergern zu tun. Deren Obrist Michael Rau hat gedroht, das »Ratzennestle« innerhalb von 24 Stunden einzunehmen. Am 11. Januar 1633 schlägt er los. Es herrscht dichter Nebel, in dessen Schutz »die Unsrigen« einen Ausfall unternehmen und vierzig Feinde töten, die in die Bickenkapelle eingedrungen sind. »In dieser Verwirrung hat der Feind seine eigenen Leute für die Unsrigen gehalten und so haben sich die Feinde gegenseitig erschlagen und von der heiligen Kapelle vertrieben. Um dem Angreifer zu schaden, haben unsere Leute die heilige Kapelle in Brand stecken müssen.

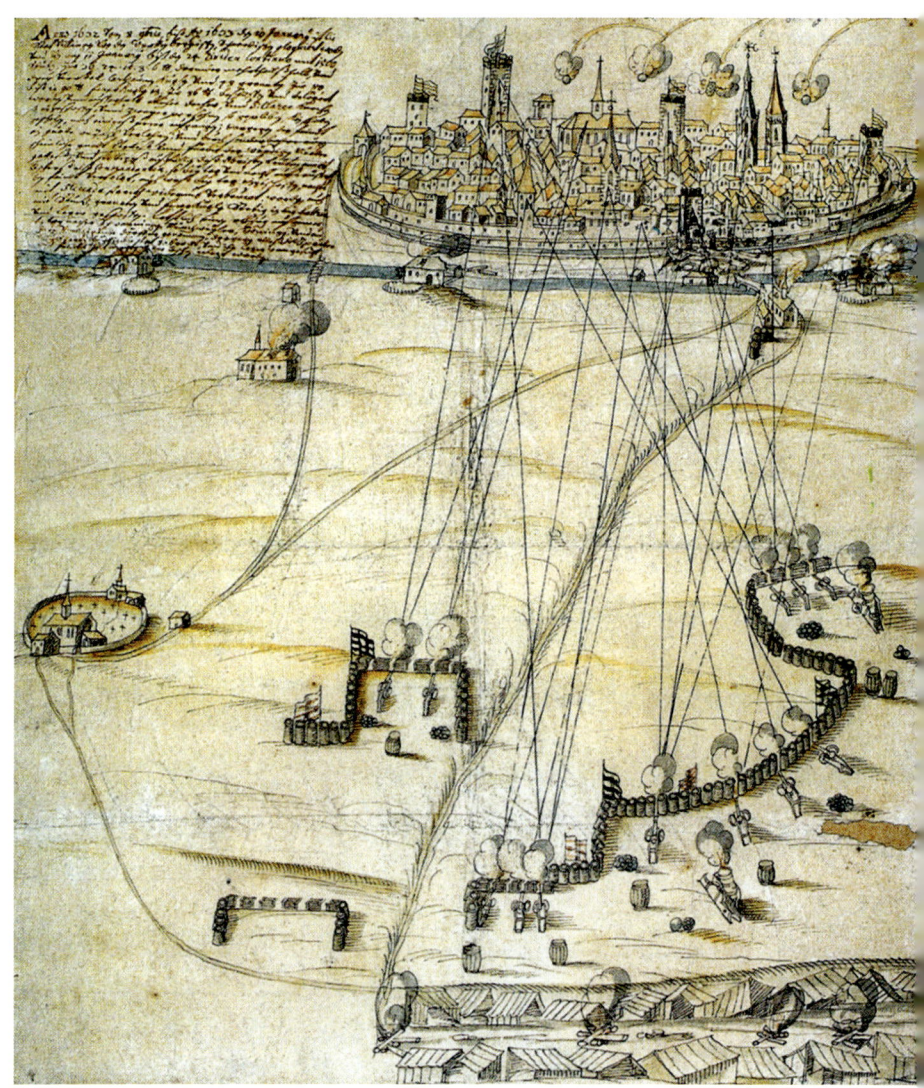

Es ist ein schönes, zierliches Gotteshaus gewesen und erst vor einigen Jahren umgebaut und vergrößert worden. Durch den Brand wurde der Feind zurückgetrieben und hat auf freiem Feld Schanzen aufgeworfen. Gleich am oberen Hag unseres Gartens, so weit und lang wie unsere Kirche und unser Kloster, ist ein

Schanzkorb neben dem anderen gestanden, alle mit Steinen, Sand und Erde gefüllt. Der ganze Tag war mit Gefechte führen und Schießen erfüllt.»Und inmitten von Geschützlärm und Kriegsgeschrei stirbt die todkranke Mitschwester »eines seligen Todes«.

Nachts werden die äußere Mühle beim Klostergarten, die Spitalmühle und das Gutleuthaus niedergebrannt.»Es war ein solches Feuerwerk vor unserem Tor, dass es in unserem Kloster ganz hell war, wohin man auch gegangen ist. Kein Mensch hat zu Nacht gegessen oder ist zu Bett gegangen. Es sind alle in der Konventsstube gelegen.« Wer kann, betet, schlafen kann niemand. Immer noch herrscht draußen Kriegsgeschrei. Stadt und Kloster werden mit Kartaunen und Feuermörsern beschossen. Die ganze Nacht lang bewachen die Schwestern die Klosterpforte, um Leute zum Löschen hereinzulassen, falls der Feind Feuer auf das Kloster wirft. Gegen zwei Uhr nachts am 12. Januar wird ein großes Loch in die Stadtmauer geschossen. Die Schwestern können die Mette nicht mehr zu Ende beten.

Die Kirche ist schwer beschädigt.»Wir haben noch die Chorbücher und die Orgel in der Kirche gehabt. Die Kerzen an den Altären brannten noch, wie auch an der Krippe. Wir sind wieder in die Kirche gegangen, um die besten Sachen und die Chorbücher herauszuholen. Es war aber ein solcher Rauch und Staub, dass wir glaubten, die Kirche würde brennen. Kaum waren wir aus der Kirche, ging das Schießen weiter. Hätten wir nur ein wenig gesäumt, dann wären unsere liebe Mutter Priorin, Katharina Hillesönin, und Schwester Apollonia Waidmännin erschossen worden. Als unsere Schwester Apollonia unter der Tür des kleinen Schlafsaals stand, hat ein Schuss die erste Bettstatt getroffen. Es war der 12. und letzte Schuss vor der neuen Ladung. Dadurch konnte sich unsere Schwester Apollonia retten. Aber sie war so erschrocken, dass sie wie eine Leiche ausgesehen hat. Unsere Mutter Priorin ist gerade durch den Kreuzgang in die Stube gegangen, sonst wäre es um sie geschehen gewesen. Wir dachten nicht, dass die Feinde so nahe

Gegenüberliegende Seite: »Die Prim, Terz und Sext konnten wir vor Schrecken nicht beten.« Historisierende Darstellung aus dem späten 19. Jahrhundert von Eugenio de Blaas.

am Kloster seien, da sie kurz vorher noch auf der anderen Seite des Tores bei St. Johann gekämpft haben. Sie sind aber gleich auf unsere Seite herangerückt. In großem Schrecken sind wir alle durcheinandergelaufen. Jede hat ihre Kleinigkeiten bei der Bettstatt holen und versorgen wollen, damit sie nicht zerstört würden. Unsere Schwester Klärle ist auch an ihre Bettstatt gegangen, um ein kleines Jesuskind zu holen. Während sie es nimmt, wird gerade über ihrer Bettstatt ein Loch in die Mauer geschossen, dass ihr die Steine an den Kopf gesprungen sind und die Kugeln über sie herflogen. Gottlob ist ihr nichts geschehen. Sie hatte nicht gemerkt, dass die Feinde so nah am Kloster waren, erst als die Steine ihr um den Kopf flogen. Wir konnten an keinem Ort mehr sein und sind deshalb im Kreuzgang und in der Konventsstube geblieben. Es war draußen ein solcher Qualm und Lärm, dass wir nicht mehr wussten, wo wir dran sind. Die Prim, Terz und Sext konnten wir vor Schrecken nicht beten.« Die Schwestern beichten, zum letzten Mal vor ihrem Tod, davon sind sie überzeugt. Aber es scheint, dass sie einen guten Schutzengel haben.

Hier endet die Kriegschronik der Juliane Ernst. Ergänzt wird sie durch einen späteren Bericht, den man im Turmknopf der 1655 wieder aufgebauten Kirche gefunden hat. Die Feinde haben sich buchstäblich auf das Kloster und die Kirche eingeschossen. Deshalb »haben allmählich die höllischen Granaten die Mauern zerrissen«, so dass im Kloster kein Bleiben mehr ist. Während des Kampfes habe der Magistrat und die Bürgerschaft mehrmals Kuriere zu den Schwestern geschickt und fragen lassen, ob man die Stadt übergeben solle, um das Kloster nicht opfern zu müssen. »Wir haben jedes Mal geantwortet, dass wir der Bürgerschaft zu Liebe alles verlassen wollten, nur soll die Stadt erhalten bleiben. Sie sollen mit bürgerlicher Treue und mit Waffen streiten, wir aber mit dem heiligen Rosenkranz.«

Eine Zeitlang finden die Klarissen in den Mauern des Franziskanerklosters Unterschlupf. Die Klosterkirche, die den Feinden als Deckung dient, wird abgerissen. Den Belagerern macht der harte Winter und das anhaltend schlechte Wetter zu schaffen.

Am 24. Januar ziehen sie ab. Die erste Belagerung Villingens ist zu Ende. Doch kein halbes Jahr später, am 30. Juni 1633, beginnt die zweite, die sich über den ganzen Sommer hinzieht. Im August legen die Feinde einen engen Umschließungsgürtel um die Stadt, die Angriffe werden dichter. Am 8. September unternehmen die mit den Schweden vereinigten Württemberger einen Angriff auf alle drei Haupttore der Stadt gleichzeitig. Die Bevölkerung kämpft erbittert. Die Frauen schütten kochendes Wasser von den Mauern und werfen Steine auf die Feinde. Wieder wird die Belagerung abgebrochen: Ende September kommt der Befehl, mit dem gesamten schwedischen und württembergischen Fußvolk nach Tuttlingen aufzubrechen. Jetzt werden die Truppen in der Bodenseeregion gebraucht, wo das kaiserliche Heer und die Bayern anrücken. Am 5. Oktober ziehen Schweden und Württemberger, wiederum unverrichteter Dinge, aus Villingen ab. Die Stadt ist vorerst gerettet, aber die Ernte ist vernichtet.

Zwar befiehlt der Kaiser den benachbarten Städten, den Villingern mit Korn und Vieh auszuhelfen. Die aber haben selber nichts zu beißen und können nichts abgeben. Also gehen die in Villingen stationierten Soldaten auf Beutezüge ins Umland, vor allem in die württembergischen Orte. Um dieser Landplage Herr zu werden, legt Herzog Eberhard III. im Februar 1634 Truppen in die Nähe von Villingen, um die Stadt erneut abzuriegeln. Diesmal ist geplant, die Brigach anzustauen und die Stadt unter Wasser zu setzen. Mitte Juli beginnen die Feinde, einen Damm an der Ölmühle aufzuwerfen, kommen aber nur langsam voran. Wieder wird die Stadt zur Übergabe aufgefordert, wieder weigert sie sich. Erst Ende Juli dämmert den Villingern, dass ihre Feinde vorhaben, die eingeschlossene Stadt zu »ersäufen«. Einen Monat später ist der Damm fertig. Das Wasser beginnt sich zu stauen. Der Pegel der Brigach steigt und steigt. Und während man in Villingen noch verzweifelt auf die angeforderte Unterstützung wartet, geschieht wieder einmal ein Wunder. Völlig überraschend lösen die Belagerer am Morgen des 9. September ihr Feldlager auf und ziehen »mit großer Konfusion und Schrecken« ab. Wie man in der befreiten Stadt bald erfahren wird, haben die Protestanten in der Schlacht

Gegenüber-
liegende Seite: Ju-
liane Ernst schreibt
die Biographie der
Klostergründerin
Ursula Haider, dann
beginnt sie mit der
Kriegschronik.

bei Nördlingen eine vernichtende Niederlage erlitten. Sie ziehen sich aus Süddeutschland zurück. Der Herzog von Württemberg flieht nach Straßburg. Jetzt haben die Kaiserlichen Oberwasser. Villingen ist vor der drohenden Überflutung gerettet.

Damit ist, 14 Jahre vor dem Westfälischen Frieden, die Kriegsgefahr für Villingen gebannt. Nicht aber die Not, die ein Krieg immer mit sich bringt. Die Klosterkirche liegt in Schutt und Asche, die Felder sind verwüstet, die Bevölkerung ist dezimiert, das Vieh haben die Feinde weggetrieben und für den kläglichen Rest ist kaum noch Futter da. Eine Missernte im Jahr 1635 und die darauffolgende »unerhörte Teuerung«, während der drei oder vier Jahre lang das tägliche Brot kaum zu beschaffen ist, zwingt die Äbtissin zu drastischen Maßnahmen. Von den 22 Schwestern des Konvents werden die jüngeren mit einer Dispens der Ordensoberen aus der Klausur entlassen, zu ihren Verwandten und in verschiedene auswärtige Klöster geschickt. Der Konvent trennt sich »mit großen Schmerzen«. Vier Schwestern gehen nach Überlingen, zwei ins Kloster Wittichen im Kinzigtal. Die Äbtissin kommt im Kloster Paradies im Thurgau unter, wo sie im Juni 1636 das Zeitliche segnet. Juliane bricht mit drei weiteren Schwestern nach Solothurn auf.

Ein Jahr später wird Juliane kurz nach ihrer Rückkehr aus der Schweiz zur Priorin gewählt. Und beginnt, eine Klosterchronik zu schreiben, »nur für mich selbst zu einer geistlichen Kurzweil«, wie sie bekennt. Mit spürbarer Faszination für die Geschichte ihres Klosters recherchiert sie dessen Anfänge im 14. Jahrhundert und konzentriert sich dann auf die Lebensgeschichte der Äbtissin Ursula Haider (1413–1498). Diese war als junge Schwester im Kloster Reute durch das damals noch sehr lebendige Andenken an Elsbeth Achler, die Gute Beth, geprägt worden. Im Klarissenkloster Valduna wirkte Ursula Haider dann als Äbtissin, bis sie 1480 abgeordnet wurde, um den Villinger Konvent zur Observanz und zu neuer Blüte zu führen. Noch zu Julianes Zeit ist die spirituelle Atmosphäre des Klosters

Vener: Dña Ursula Heiderin
Laudkirchij in Suevia orta 1413. post va-
rios annos in Reuthensi Monasterio pertra-
ctos Valdunam ad Clarissarum pervenit Mirum
ibiq3 per aliquot annos professa anno 1449. desti-
natur Abbatissa ad S. Claram Vilingæ, ubi plurimis
miraculis corruscans anno ætatis 85. Sancte
obyt 1498.

St. Klara vom Geist der Mystikerin durchdrungen. 1638 beginnt Juliane dann mit ihrer Kriegschronik. Und bricht sie wieder ab. Es stehen andere, dringlichere Aufgaben an.

Dem Kloster fehlt es am Nötigsten. Viele Jahre lang können die Schuldner des Klosters, auch die wohlhabenden, keine Zinsen mehr zahlen. Die Einkünfte aus Lehen und Pfründen bleiben aus. Das Kloster selbst muss Zinsen und Abgaben schuldig bleiben. Die Schwestern verkaufen, was sie noch an Habseligkeiten besitzen, ihre Mitgiften werden nach und nach verbraucht. In den 1640er-Jahren werden Lehen und Pfandbriefe zu Geld gemacht. Das Kloster lebt hauptsächlich von der Landwirtschaft, doch die Felder können nur noch teilweise bebaut werden. Ihr Ertrag reicht nicht zum Unterhalt der Schwestern. 1647 verliert das Kloster drei Kühe und das beste Pferd. Die Äbtissin bittet andere Klöster, Freunde und Verwandte um Spenden. 1651 muss der Konvent einen goldenen Kelch verkaufen. Dessen Erlös wird in ein Pferd investiert, das man dringend zur Feldarbeit braucht.

Und die Schwestern gehen betteln. Trotz Armut und Hunger geht es dabei aber nicht vorrangig um den Lebensunterhalt, sondern um Geld für den Wiederaufbau der zerstörten Klosterkirche. Mit Genehmigung der Ordensoberen begibt sich Juliane 1638 in Begleitung der Laienschwester Katharina Hessler nach Wien, wo sie Bekannte hat. Zu einer Zeit, als überall Not und Mangel herrschen. Zu Fuß. Auf unsicheren, unwegsamen Pfaden, während versprengtes Kriegsvolk die Gegend unsicher macht. Für Frauen, die so viele Jahre hinter Klostermauern verbracht haben, wahrlich eine harte Prüfung. Zum Glück kommen Juliane und ihre Begleiterin wohlbehalten zurück und haben, wie das Rechnungsbuch des Klosters ausweist, 100 Dukaten an Spenden eingeheimst, das meiste stammt von einer Wiener Familie. Überhaupt erweist sich Schwester Juliane als begnadete Fundraiserin. Viele Spenden stammen von Wohltätern, die sie dem Kloster zugebracht hat.

Immer wieder wird auch fürs schiere Überleben gesammelt, weil »wir nichts mehr zu essen gehabt haben«. Während der 1640er-Jahre gehen die Schwestern wieder betteln, meist in den

Dörfern und Höfen des Schwarzwalds, über mehrere Wochen, mehrmals im Jahr. Auch Juliane Ernst, die Priorin, ist sich nicht zu fein für regelmäßige Bettelgänge. Die Rückkehrerinnen werden »mit herzspringender Freude« empfangen. Sie bringen Obst mit, Käse, Eier und – ganz wichtig für die Küche von damals – Schmalz. In Rottweil bekommen sie ein Kuh geschenkt, die für 17 Gulden zugunsten des Kirchenbaus verkauft wird. »Wolle Gott ihnen alle ihre müden Schritte tausendfältig lohnen«, notiert die Konventsschreiberin. Nüsse, die man ihnen gibt, tauschen sie gegen Öl fürs Ewige Licht. Und ein geschenkter, frisch erlegter Hirsch muss ihnen in diesen Notzeiten als Gabe Gottes erschienen sein. Selbst im damals hohen Alter von 64 Jahren macht sich Juliane mit ihrer bewährten Begleiterin Katharina Hessler 1653 erneut auf den Weg. In der Pfingstwoche brechen sie auf. Eineinviertel Jahre sind sie unterwegs, legen insgesamt 200 Meilen zurück, zu »Wasser und zu Land«, und bringen 600 Gulden heim. Am 10. August 1655 wird Juliane zur Äbtissin gewählt. Unter ihrer Ägide wird mit dem Wiederaufbau der zerstörten Kirche begonnen.

Es geht wieder aufwärts, aber langsam. Zwei Erbschaften bringen dem Kloster etwas Geld. Die Schulden können nach und nach abgetragen werden. Die Schwestern können jetzt daran denken, die Kriegsschäden an den Gebäuden reparieren zu lassen, Seide und Goldfäden für Stickereien zu kaufen, Stoff für neue Habite anzuschaffen und auch wieder Kirchenschmuck. Als Juliane Ernst am 30. Dezember 1665 mit 77 Jahren stirbt, ist das Kloster St. Klara auf gutem Wege, sich von den Kriegsschäden zu erholen.

Maria Monika Hafner prangert Missstände im Augustiner-Chorfrauenstift Inzigkofen an

F ür Schwester Maria Monika Hafner ist *anno domini* 1756 die Welt nicht mehr in Ordnung, genau genommen seit dem Tod der alten Pröpstin vor 16 Jahren. Denn die Neuerungen ihrer Nachfolgerin sind der Schwester ein Ärgernis. Das ist nicht mehr das Kloster, das sie kannte und schätzte! Jetzt wendet sie sich an den Klostervisitator. Ihm als dem vom Bischof bestellten Ratgeber und Aufseher des Klosters obliegt es, im Dreijahresrhythmus nach dem Rechten zu sehen. Für die Schwestern bieten diese Kontrollbesuche die Gelegenheit, Missstände anzuprangern und Kritik zu äußern, gerne auch an den Mitschwestern. Maria Monika Hafners Elaborat ist allerdings kein gewöhnlicher Beschwerdebrief, sondern ein über 400 Seiten starkes Konvolut, in dem minutiös alles aufgeführt wird, was in den Augen der Chorfrau Maria Monika Hafner im Argen liegt. Für den Sigmaringer Kreisarchivar und Inzigkofen-Kenner Edwin Ernst Weber, der eine Edition der Schrift vorbereitet, ist dieses Dossier als Zeugnis aus der Innenwelt klösterlichen Lebens im Barock ein kulturgeschichtliches Dokument von unschätzbarem Wert. Die hier verwendeten Zitate entstammen einer zusammenfassenden Darstellung des hohenzollerischen Heimatforschers und Freiburger Erzbischöflichen Archivars Johann Adam Kraus aus dem Jahr 1963.

Gegenüberliegende Seite: Das Stift glänzt durch eine anspruchsvolle Musikkultur. Lautenengel von Joseph Anton Feuchtmayer, um 1720.

Im Jahr 1757 ist das für 40 Schwestern ausgelegte Augustinerchorfrauenstift mit 43 Frauen eigentlich überfüllt. Neben den Chorfrauen, das heißt den geistlichen Frauen, beherbergt es 13 Laienschwestern, die die Hausarbeit verrichten und deswegen ein reduziertes Gebetspensum haben. In der Prestigeskala der Ordenshäuser Oberschwabens hat das Stift einen guten vorderen Platz inne. Es ist weniger blaublütig als die benachbarten Frauenzisterzen, aber vornehmer als die Klöster der Bettelorden. Und es blickt auf eine glorreiche Vergangenheit als Hort der Mystik zurück. Seine anspruchsvolle Musikkultur zieht auch auswärtige Gäste an, und die kunsthandwerklichen Produkte der Nonnen erfreuen sich großer Beliebtheit. Der Konvent kann sich die Bewerberinnen aussuchen, die überwiegend aus der Gegend zwischen der oberen Donau und dem Bodensee stammen. Besonders willkommen sind junge Frauen mit künstlerischen Talenten und einer guten musikalischen Ausbildung.

Maria Monika Hafner wurde 1699 als Bürgerstochter in Konstanz geboren. In Überlingen hat sie eine Lehre als Apothekerin gemacht, vermutlich vor ihrem Klostereintritt im Jahr 1720. Am 14. Juni 1722, einen Tag vor ihrem 23. Geburtstag, legt sie zusammen mit drei Altersgenossinnen die Profess ab, das Gelübde, mit dem sie sich für immer an den Orden bindet. Jetzt, über drei Jahrzehnte später, zeichnet ihre Klageschrift das Bild eines in sich gespaltenen, zerstrittenen Konvents, in dem es ganz gewaltig menschelt. Die Schuld an der Misere gibt Schwester Monika der seit 16 Jahren amtierenden Pröpstin Maria Anna Schöpfer. Ihr spricht sie, wie man heute sagen würde, jegliche Führungskompetenz ab. Die Pröpstin, die uns aus Schwester Monikas Protestschreiben entgegentritt, pflegt zwar eine intensive Gebetsfrömmigkeit, lässt aber die Klosterdisziplin schleifen. Konflikten geht sie aus dem Weg. Schwester Monika nimmt wahrlich kein Blatt vor den Mund. Mit Sachverstand, gründlich und detailliert schildert sie die Missstände und nennt die Sünderinnen, die gegen die Klosterregeln verstoßen, beim Namen. Für die Veränderungen im Konvent, vor allem die Liberalisierungstendenzen der strengen Klosterdisziplin, fehlt ihr jedes Verständnis. Wenn auch der umfängliche Mängelbericht kein sympathisches Licht auf seine Verfasserin wirft, so erscheint sie doch als eine resolute, energische, gewiss auch beherzte Person, die sagt, was ihrer Ansicht nach gesagt werden muss.

Viele Schwestern halten sich nicht an die Gebetszeiten und an das Schweigegebot. Stattdessen gibt es im Gang vor der Kirche, wo die Chorröcke der Nonnen hängen, regelmäßig einen »lauten Schwätzmarkt«, so dass die Kirchenbesucher beim Beten gestört werden. Mit den Stundengebeten kann man nicht pünktlich beginnen, weil die Schwestern, sogar die Pröpstin selbst, am »Redfenster«, dem Sprechgitter, verweilen und man die Schwätzerinnen erst hereinholen muss. Auch die Gottesdienstbesucher müssen warten. Vor den Gottesdiensten und Gebetszeiten herrscht keine andächtige Stille, wie es sich gehört, sondern »endloses Geschwätz«. Sogar während der Messe wird geredet.

Chorgesang und Messe sind schlecht aufeinander abgestimmt. Der zelebrierende Priester kommt mit der Liturgie nicht weiter, er muss warten, »bis der lange beschwerliche Gesang und [das] Orgelspiel« ein Ende nehmen. Auch verzögert das lange Musizieren den ganzen weiteren Tagesablauf. Die Musikerinnen sind oft ganz »kraftlos« von den Mühen des Singens und Musizierens, das Schwester Monika als schwere körperliche

Anstrengung schildert. Und sie bekommen auch keine Gelegenheit, sich vor ihrem nächsten Einsatz zu erholen. Die anspruchsvolle Chorregentin drängt auf Perfektion und setzt sich damit auch durch. Das richtet sich gegen Maria Clara Wegscheider, die Chorleiterin, der Schwester Monika außerdem vorwirft, dass sie allzu ungestüm die Orgel schlage.»Es ist oft ein fürchterliches Geschrei und Durcheinander, daß sich auch die Weltleute sehr ärgern und bei einigen Klosterfrauen Lachen, Verdruß und Brechung des Stillschweigens verursacht werden.« Viele Schwestern nehmen die Musik wichtiger als das Chorgebet, vor dem sie sich gerne drücken, weil sie angeblich müde sind. Aber beim Solo, verrät Schwester Monika, da hätten sie Kräfte genug, besonders wenn fremde Gäste in der Kirche seien, von denen sie sich später am Redfenster auch gerne loben ließen. Diesen Schwestern sei der Beifall der Menschen wichtiger als das Wohlgefallen Gottes. Und die Pröpstin dulde das alles.

Die Pröpstin hat in der Tat andere Prioritäten. Ihr Herzensanliegen ist die»ewige Anbetung« des Altarsakraments. Dabei wird das in der Monstranz ausgesetzte Allerheiligste, das heißt der Leib Christi in Gestalt der Hostie, tagein, tagaus rund um die Uhr angebetet, wobei sich die Schwestern umschichtig abwechseln. Um dieses Projekt verwirklichen zu können, reicht aber der für 40 Schwestern ausgelegte Konvent nicht aus. Zehn Schwestern mehr würde sie schon brauchen, hat die Pröpstin den Klostervisitator im Jahr 1751 wissen lassen. Sie hat auch mehr Schwestern aufgenommen, als die baulichen Gegebenheiten erlauben, so dass drei Schwestern und eine Novizin nicht einmal eine eigene Zelle haben. Seit der Amtszeit der Pröpstin Maria Anna Schöpfer häufen sich die Gebetsverpflichtungen, nicht nur durch die Anbetung des Sakraments, sondern auch durch Gebetsverbrüderungen mit anderen Klöstern und Orden. Solche Gebetsverbündnisse sind gang und gäbe, aber die Pröpstin ist allzu eifrig. Wo immer eine neue Gebetsbruderschaft aufkommt, lässt sie die Klosterfrauen einschreiben. Man komme mit den fälligen Extra-Gebetstunden und Messen gar nicht mehr nach, klagt Schwester Monika, und so bleibe ein schlechtes Gewissen und »große Ängste auf dem Totenbett«. Zumal sich unter der Pröpstin noch eine weitere Neuerung eingebürgert hat.

Nach der Ordensregel sollen die Schwestern einander gegenseitig helfen, und zwar um Gotteslohn, nicht für Geld wie die »Weltleute«. Doch jetzt »müssen wir alles mit Gebeten vergelten«. Schwester Monika macht eine genaue Rechnung auf, wem wie viele Rosenkranz-Gebete und Psalter zu widmen sind. Ein Bad zu nehmen, wie es den Schwestern einmal im Monat vergönnt ist, kostet einen Rosenkranz (der etwa eine halbe Stunde dauert) für die Badschwester. Das Aderlassen kostet einen Rosenkranz extra, die Pröpstin bekommt drei Rosenkränze dafür, dass sie den Aderlass erlaubt. Wenn es gelegentlich etwas Besseres zu essen gibt, sind drei Rosenkränze für die Küche fällig. Fürs Haareschneiden ist ein Rosenkranz zu entrichten, fürs Schröpfen betet man einen oder gar drei. Für den allsommerlichen Großputz der Zellen, den zwei Hausschwestern besorgen, ist ein Rosenkranz zu beten, die meisten Schwestern beten aber drei. Alle möglichen Handreichungen und Gefälligkeiten werden nach diesem Rosenkranz-Tarif abgegolten. Besonders reich wird die Pröpstin bedacht. Außerdem ist zu allen Kirchenfesten ein Psalter für die Pröpstin fällig.

Ebenso, wenn man Verwandtenbesuch hatte.»Diese Gebete werden von den meisten während ihrer Arbeit verrichtet, oft mit Geschwätz und ziemlich zerstreut, so daß sie oft nicht wissen, wo sie im Gebet dran sind. Ich glaube, ein *einziges* andächtiges Vater Unser und Ave Maria wäre Gott wohlgefälliger und fruchtbarer als all dieses.« Jetzt muss der Visitator Abhilfe schaffen.»Wir bitten, uns gnädig eine Erleichterung all dieser Gebetslasten zu verschaffen«, fleht Schwester Monika. Initiiert hat diese»Hochleistungsfrömmigkeit« (E. E. Weber) der frühere, inzwischen zwangsversetzte Beichtvater Valentin Heggele, an dem sich die Geister scheiden, und auch nach seinem Weggang bleibt der Konvent gespalten. Vor allem Schwester Monikas Lieblingsfeindin, das»eigensinnige Klosterfräule« Maria Clara Wegscheider, bedaure seinen Weggang und intrigiere bei der Pröpstin gegen den jetzigen Beichtiger. Diese Spannungen schlagen sich im relativ häufigen Wechsel der Beichtväter nieder, die es während der Amtszeit der Pröpstin Schöpfer immer nur ein paar Jahre aushalten. Die neue Frömmigkeitspraxis wird vor allem von den jüngeren Schwestern mitgetragen, die während der Amtszeit der neuen Pröpstin eingetreten sind. Das macht ungefähr die Hälfte des Konvents aus. Eine Minderheit von eher älteren Schwestern wehren sich gegen die überhandnehmenden Gebetsverpflichtungen.

Ein wichtiger Teil des klösterlichen Alltags macht die Lektüre erbaulicher Schriften bei Tisch und im Kapitelsaal aus. Diese Lektüre soll deutsch, katholisch, geistlich und nützlich sein. Es werden aber Bücher über das»Tun und Lassen wilder Völker« vorgelesen, die von sonderbaren Gebräuchen erzählen, etwa, dass Mann und Weib nackend einhergehen. Daneben beschäftigt man sich mit der Biographie Luthers und seiner Frau Käthe, worüber sich»großer Gespaß« erhebe. Solche Bücher stammen aus dem Nachlass des früheren Beichtvaters Franz Wilhelm Ungedult. Schwester Dorothea Köberle, eine Liebhaberin von Büchern und»Cramanzen« (unnötige Reden, überflüssige Worte),

Gegenüberliegende Seite: Welches ist die rechte Art der Frömmigkeit? Darüber herrscht unter den Inzigkofer Klosterfrauen keine Einmütigkeit. Augustinerchorfrau beim Betrachten des Kreuzes Christi. Holzplastik, Kloster Inzigkofen, 18. Jahrhundert.

Gegenüberliegende Seite: Konventsverzeichnis des Augustinerchorfrauenstifts Inzigkofen. Druck 1769. Maria Monika Hafner gehört inzwischen zu den ältesten Schwestern des Klosters.

hat sie entdeckt und als Tischlektüre vorgeschlagen. Sie ist es, die die Pröpstin überredet, dergleichen unpassende Bücher vorlesen zu lassen, und sie will sich vom Bedenken tragenden Beichtvater auch nicht vorschreiben lassen, was man lesen soll. Eigentlich sollten im Kloster keine nur kurzweiligen oder leichtfertigen, schädlichen und schimpflichen Bücher gelesen werden, und wenn solche ins Kloster gelangten, solle man sie verbrennen, fordert Schwester Monika. Überhaupt soll man kein Buch lesen, wenn es nicht vom Seelsorger empfohlen wurde. Aber die meisten Schwestern haben eigene Bücher in ihren Zellen, was nach Auffassung der Beichtväter gegen das Armutsgelübde verstößt. Die zahlreich vorhandenen »auserlesenen« geistlichen Bücher verstauben in den Bücherkästen. Die Schwestern Dorothea, Rosa, Clara, Rosalia, alles Intimfeindinnen der Beschwerdeführerin, lieben auch Kontroverspredigten, das heißt Predigten der Andersgläubigen. »Solche Schriften gehören in die Hand gelehrter Männer, aber nicht in die gottgeweihter Weibspersonen!«, urteilt Schwester Monika. Außerdem liegen gelegentlich »gedruckte Zeitungen« herum, die fleißig gelesen und eifrig diskutiert würden. Wer sie bringt, weiß Schwester Monika nicht, wohl aber, dass es nach den Statuten verboten ist.

Viel Grund zur Klage gibt das Essen. Und der Tischwein. »Der Wein soll doch die Leibeskräfte erhalten, aber man ist sehr karg in Speis und Trank gegen den Konvent, was bei der 1740 verstorbenen Frau Mutter Karrer [der früheren Pröpstin] nicht der Fall war.« Heutzutage ist der Tischwein sauer, außer wenn der Visitator im Hause weilt. Penibel zählt Schwester Monika der Pröpstin jedes Viertele in den Mund, denn die »Frau Mutter« lässt sich gerne besseren Wein kredenzen, gibt dem Konvent aber erst davon ab, wenn er abgestanden ist. Auch vom gelegentlichen Extra-Essen der Pröpstin wird dem Konvent erst dann etwas zuteil, wenn es fast nicht mehr genießbar ist. Dabei schreibt die Regel vor, dass alle das Gleiche erhalten sollen. An hohen Festtagen wird nicht mehr wie frü-

CATALOGUS

Deß Convents in dem löblichen GottesHauß

St. Johann Baptist zu Unzkhoven

der regulirten Chor-Frauen S. Augustini.

Die Hochwürdige, Wohledelgebohrne Frau, Frau

Maria Augustina, Pröbstin,

Gebohren zu Ravensburg 1708. den 2. Merzen, Profeß 1737. den 7. Heumonat,

Erwählt 1765. Namenstag den 28. Augstmonat.

	Gebohren den	Profeß den	Namens-Tag
Die Hoch-Ehrwürdige F. Maria Catharina Boriz de Schönbach von Baaden, Priorin.	1712. 12. Merz.	1731. 6. May.	25. Wintermon.
F. Maria Martha Sedelmayrin von Bayrnstadl Seniorin.	1698. 18. Jenner.	1716. 10. May.	29. Heumonat.
Maria Benedicta Schmidlin von Steinbach von Weingarten	1700. 16. Brachm.	1719. 6. Augstm.	21. Merz.
F. Maria Monica Hofnerin von Constanz	1699. 11. Brachm.	1722. 14. Brachm.	4. May.
F. Maria Dorothea Köberlin von Augsburg	1705. 19. April.	1728. 9. May.	6. Hornung.
F. Maria Eleonora von Rudolsin von Bregenz	1710. 27. Jenner.	1730. 21. May.	6. Hornung.
F. Maria Ottilia Faulerin von Jungnau	1713. 2. Merz.	1732. 24. Brachm.	13. Christmonat.
F. Maria Rosalia Keberlin von Augsburg	1721. 30. Weinm.	1740. 12. Brachm.	4. Herbstmonat.
Maria Josepha Geißreitterin von Pfluegdorff	1722. 3. Heum.	1742. 22. April.	19. Merz.
F. A. M. Störzingerin zu Sigmundsried, von Heimnföls in Pustherthal	1722. 3. Heum.	1742. 22. April.	8. Herbstmonat.
Maria Rosa de Bonsar von Trochtelfingen	1723. 24. Heum.	1745. 6. Herbstm.	30. Augstmonat.
F. Maria Dominica Schrapvoglin von Constanz	1723. 20. May.	1750. 9. Augstm.	4. Augstmonat.
F. Maria Xaveria Bregain von Berg	1730. 19. Christm.	1750. 9. Augstm.	3. Christmonat.
F. Maria Cajetana von Reichle von Constanz	1734. 17. Christm.	1752. 17. Herbstm.	7. Augstmonat.
F. Maria Charitas Walterin von Pfullendorff	1737. 6. Brachm.	1753. 15. Heum.	1. Augstmonat.
F. Maria Seraphina Ströblin von Stockach	1728. 13. Horn.	1754. 8. Herbstm.	Schutz-Engels F.
F. Maria Agnes Weißkopfin von Busbrugg	1736. 6. May.	1754. 8. Herbstm.	21. Jenner.
F. Maria Carolina Buclin von Altheim	1733. 4. Weinm.	1756. 29. Brachm.	4. Wintermon.
F. Maria Francisca Salesia Rimmelin von Constanz	1729. 21. Brachm.	1756. 29. Brachm.	29. Jenner.
F. Maria Cäcilia Stoßin von Riedlingen	1736. 7. May.	1758. 7. May.	22. Wintermon.
Maria Ernestina von Hamin von Buchau	1736. 26. May.	1760. 28. Herbstm.	12. Hornung.
Maria Barbara Weilbacherin von Biberach	1732. 4. Horn.	1760. 28. Herbstm.	4. Christmonat.
Maria Ignatia Geißenhoferin von Vils aus Tyrol.	1749. 1. April.	1768. 8. May.	31. Heumonat.
F. Maria Johanna Baptista Baurin von Pfullendorff	1749. 8. Herbstm.	1768. 8. May.	24. Brachmonat.
F. Maria Augustina Hipschlin von Pfullendorff	1750. 3. Horn.	1768. 8. May.	28. Augstmonat.
F. Maria Theresia Senessin von Augsburg	1751. 11. Horn.	1768. 8. May.	15. Weinmonat.
F. Maria			
F. Maria			
F. Maria			

Convers- oder Lay-Schwestern.

	Gebohren den	Profeß den	Namens-Tag
Schwester Maria Brigitta Brecheisin von Jengen	1694. 26. Jenner.	1722. 14. Brachm.	1. Hornung.
S. Maria Gertrud Feigenbachin von Hedingen	1704. 18. Weinm.	1726. 14. Heum.	18. Merz.
S. Maria Waldburga Dulerin von Speisberg	1699. 31. Weinm.	1732. 24. Brachm.	1. May.
S. Maria Francisca Vötterlin von Augsburg	1709. 8. Herbstm.	1733. 26. Heum.	4. Weinmonat.
S. Maria Agatha Deiblin von Krauchenwis	1711. 19. Herbstm.	1740. 14. Brachm.	5. Hornung.
S. Maria Ursula Veischin von Möskirch	1717. 26. Christm.	1742. 22. April.	21. Weinmonat.
S. Maria Antonia Brudermännin von Unterstaig	1722. 15. Merz.	1745. 4. Herbstm.	13. Brachmon.
S. Maria Mechtild Heagerin von Bregenz	1722. 1. Horn.	1750. 9. May.	31. May.
S. Maria Elisabetha Schwartzin von Waldsee	1725. 4. Christm.	1755. 27. April.	19. Winterm.
S. Maria Clara Stoßin von Riedlingen	1738. 15. Merz.	1760. 17. Augstm.	12. Augstmonat.
S. Maria Magdalena Schläglin von Hof Hegneberg	1737. 8. Merz.	1763. 28. May.	22. Heumonat.
S. Maria Euphrosina Schlemerin von Buchau	1744. 9. Heum.	1764. 8. Heum.	1. Jenner.
S. Maria			
S. Maria			

Summa 39.

Mit Schriften des königlich-exmirt-und befreyte Reichs- Stift- und Münsters Salmansweiler. 1769.

hier Wildbret aufgetischt, weil das zu teuer ist. Überhaupt: das Fleisch! »Bei der früheren Frau Mutter hat man uns das Fleisch zum Braten an den Spieß getan, mit dem Bräter herumgetrieben, mit Knoblauch oder Salbei oder Lorbeeren gespickt, mit Fett oder Milchrahm oder Butter begossen, damit der Konvent auch Kraft und Stärke davon bekomme. […] Heute gibt es das nicht mehr.« Nur für Gäste ist alles im Überfluss da, auch Gewürz, Zitronen und Kapern. Und am Essen für den Konvent wird dann gespart. Sogar »bei den Kranken geht's sehr sparsam zu, daß sie ganz mißgetröstet werden, da sie doch ihr Vermögen ins Kloster hineingebracht haben. Man hörte schon sagen, wenn sie zu Hause wären, hätten sie ihr Sach auch recht, warum also hier nicht?«

Das Essen schmeckt fad, weil es ohne Gewürz gekocht wird. Viel zu selten gibt es Fisch und dann auch noch zu wenig. Die »Kuchelschwestern« berufen sich auf die Pröpstin, die Gewürze nicht erlaubt und vom Fisch nur kleine Portiönchen gestattet, weil beides teuer sei und das Kloster zu viele Insassen habe. Wenn die Köchin den Fisch größer portioniert oder ordentlich Schmalz verwendet, bekommt sie von der Pröpstin eine Buße auferlegt. Vor der in der Fastenzeit gereichten »abgeschmackten Wassersuppe« haben die Nonnen »einen Grausen«. Und: »Ist auch keine Kraft drin.« Doch der Kräfte zehrende Chordienst muss wie gewohnt geleistet werden. Das war bei der vorigen Pröpstin besser geregelt, und während der Fastenzeit gab es immer einen guten Wein. »Wo ich anno [17]20 hereingekommen bin, hat es alles gut und in Fülle gegeben«, resümiert Schwester Monika. Es seien seither doch auch »vermögliche Leute« eingetreten, die zusammen etwa 30 000 Gulden einbrachten. »Warum also so schlechtes Essen?«, will sie jetzt wissen.

Eine Schwester isst mit einem Silberlöffel, obwohl im Konvent zinnernes Besteck benutzt wird. Manche trinken ihren Tee aus Majolika-Geschirr oder benutzen geschliffene Gläser, während »die lieben alten Klosterfrauen« sich einst mit einfachem Glas und irdenem Geschirr begnügten. Die jüngeren Schwestern frönen ihrer Eitelkeit und kaufen, wenn ein Krämer an die

Klosterpforte kommt, Bänder, Seidenzeug, Taft, Gold- und Silberspitze. Ohne dass die Pröpstin einschreitet.

Das gilt auch für Missstände bei der Arbeit. Die kunstvollen Weihnachtskrippen mit ihren Figuren aus Draht, Wachs und Stoff, die die Nonnen herstellen, sind bei den Pfarrern der Umgebung als weihnachtlicher Kirchenschmuck sehr gefragt. Aus den Resten der im Stift betriebenen Paramentenschneiderei, die unter anderem liturgische Gewänder herstellt, fabrizieren die Schwestern prächtig bestickte Kleider für das Krippenpersonal. So weit, so gut, wenn es denn dem Kloster zugutekäme. Doch manche der Chorfrauen, weiß Schwester Monika, verwenden das teure Material und ihre Arbeitszeit, die eigentlich dem Kloster zustehen, zum eigenen Vorteil. Besonders auf zwei Mitschwestern hat sich die Klägerin eingeschossen: Die erwähnte Chorleiterin Maria Clara Wegscheider, die Schwester des Barockmalers Joseph Ignaz Wegscheider, versteht sich nicht nur auf Musik, sondern auch hervorragend aufs Modellieren und Bemalen von Wachsfiguren, Andachtsgegenständen und Reliquienkapseln. Für Stickarbeiten und die Herstellung von Blumen spannt sie ihre Mitschwestern ein. Fast alle Frauen im Kloster arbeiten für sie. Und nicht nur zur Weihnachtszeit führt Schwester Clara Bestellungen von Pfarrern aus. Sie arbeitet das ganze Jahr über, so dass in ihrer Werkstatt »niemals Feierabend« ist. Als Lohn für ihre kunsthandwerklichen Erzeugnisse lesen ihre geistlichen Auftraggeber Messen für sie, die allein ihrem Seelenheil, nicht aber dem Konvent frommen. Und die Pröpstin lässt sie gewähren.

Die Chorfrau Maria Rosa von Ponsar wird angeklagt, sie habe künstliche Blumenarbeiten zum Verschenken hergestellt und ihrem Bruder, einem Priesterkandidaten, teure Leckerei ins Seminar geschickt, die sie von Mitschwestern im Austausch für die kunstvolle Ausschmückung ihrer Zellenaltäre und Betstühle erhalten habe. Ihre Künste kamen allerdings auch dem Kloster zustatten, wie das heute noch zu bewundernde Gitter der Nonnenempore in der Klosterkirche beweist: von Maria Rosa von Ponsar konzipiert und gestaltet. Der Kirchenneubau von 1780 hatte 15 000 Gulden verschlungen. Der Schlosser, den das Klos-

ter mit einem eisernen Gitter beauftragen wollte, verlangte weitere 1000 Gulden. Schwester Rosa wusste Rat. Mit Hilfe mehrerer Mitschwestern schuf sie in einjähriger Handarbeit ein filigranes Gitterwerk von weinumrankten Rosenstöcken aus Draht, Papier, Holzstäben und Leim. Die Vollendung ihres Werks erlebte sie nicht mehr. Sie starb 1781, mit 58 Jahren. Ihr Beichtiger hielt es damals für nötig, sie dreißig Jahre lang täglich in die Gebete einzuschließen, »damit sie durch ihre schönen Arbeiten und sinnreichen Erfindungen an der Seel keinen Schaden leide«. Denn Kunst im Kloster war Kunst zur größeren Ehre Gottes. Zur Vergegenwärtigung der Heilsgeschichte. Zur Steigerung der Andacht. Zur Vertiefung der Spiritualität. Kunst sollte der religiö-

sen Vervollkommnung dienen. Als Genuss des Schönen oder Freude an der kreativen Hervorbringung lenkte sie von Gott ab und schadete der Seele.

Doch zurück zu Schwester Monika, die diesen Triumph ihrer Widersacherin nicht mehr erlebte. Auch bei der früheren Pröpstin, erklärt die Beschwerdeführerin, habe man für sich selbst arbeiten dürfen, um seine Angehörigen zu beschenken, jedoch begrenzt auf vier Wochen im Jahr. Vor allem aber hat man früher viele Aufgaben gemeinschaftlich erledigt. Bei Näharbeiten etwa, beim Kräutersammeln für die Klosterapotheke, beim Kerzenziehen und beim Schmalzsieden haben alle zu-

Mit Hilfe einiger Mitschwestern gestaltet Maria Rosa von Ponsar das kunstreiche Gitter der Nonnenempore: aus Draht, Papier, Holzstäben und Leim.

sammengeholfen, von der Priorin bis zur jüngsten Schwester. Heute drücken sich manche mit raffinierten Ausreden. »Dagegen haben sie sonst Zeit, ganze Tage an das Redgitter zu sitzen und die kostbare Zeit mit unnützem Geschwätz oder eigentümlicher Handarbeit zu vertun.«

Es ist vor allem die Ungleichheit, über die Schwester Monika sich aufregt, die Sonderrechte, die sich manche herausnehmen. Begriffe wie »Einigkeit« und »Einhelligkeit«, wie man sie in vielen alten Klosterchroniken liest, belegen, welch hohen Wert der Gemeinschaftlichkeit eines Konvents beigemessen wurde. Die von Schwester Monika angeprangerten Liberalisierungs- und Individualisierungstendenzen widersprechen dem alten klösterlichen Geist. Und die Pröpstin unternimmt nichts dagegen. Energisches Durchgreifen ist ihre Sache nicht. Nach Schwester Monikas Zeugnis ist die Pröpstin extrem beeinflussbar, außer wenn es um Gebetsangelegenheiten geht. So stößt die Priorin mit ihrer Bitte um Erleichterung der Gebetslast auf taube Ohren bei ihr. Aus Maria Monika Hafners Dossier erschließt sich die Gruppendynamik des Konvents: Es gibt eine Minderheit von konservativen Schwestern, deren Wortführerin Maria Monika Hafner ist. Demgegenüber steht die Pröpstin mit ihrer »Hochleistungsfrömmigkeit«, die von der Mehrzahl der jüngeren Schwestern mitgetragen wird. Eine kleine Gruppe selbstbewusster, aufgeschlossener jüngerer Frauen, zu der die Chorleiterin Maria Clara Wegscheider, die kunstsinnige Maria Rosa von Ponsar und die bücherhungrige Maria Dorothea Köberle gehören, bildet einen Machtkern, dem die konfliktscheue Pröpstin nicht gewachsen ist. Sie können sich vieles erlauben und tun es auch.

Besonders schlimm, findet Schwester Monika, gehe es an der Fastnacht zu, die mit übermütigen Possen begangen wird. Man »beichtet« erfundene Sünden, läutet mit Kuhglocken. Manche Schwestern verkleiden sich. Man singt und tanzt und schlägt mit einem Besen den Takt. Es gibt schallendes Gelächter, Geschrei und Gekreische. Besonders Schwester Rosa tritt mit schnurrigen Einfällen hervor. Die Klosterapothekerin

Maria Rosalia Köberle (die Schwester von Maria Dorothea) wird in ein Wägelchen gesetzt und unter Kichern und Johlen im Speisesaal herumgefahren, bis der Wagen bricht. Und das alles unter den Augen der Novizinnen! Wenn diese den Konvent wieder verlassen und es herumerzählen sollten, werde das Kloster übel verschrien sein, regt Schwester Monika sich auf. Und das Schlimmste: Die Pröpstin lacht mit und gibt allenfalls leichte Bußen auf. »So wird die gute Disziplin verachtet«, klagt Schwester Monika. Und diese »lächerlichen und unanständigen Possen weltlicher Art« würden jedes Jahr kecker und ausgelassener. »Solches ist niemals gestattet gewesen.« Vielmehr habe man sich bei ihrem Eintritt vor 36 Jahren an Fastnacht »ehrlich miteinander erlustigt«, nämlich still und zurückhaltend. Als die Beschwerdeführerin eine Mitschwester rügt, sie solle doch nicht so närrisch tun, »hat sie mich ausgelacht und gesagt, man sei in allen Klöstern lustig«. Und auch als sie beim Kirchgang würdiges Betragen anmahnt, wird sie ausgelacht und verspottet.

Mit der Klosterapothekerin und Krankenwärterin Maria Rosalia Köberle hat Schwester Monika, die selbst gelernte Apothekerin ist, ein Extra-Hühnchen zu rupfen. Mag sein, dass beruflicher Konkurrenzneid mitspielt. Früher habe man ein kleines »Hausapotheklein« für Notfälle gehabt. Und die Schwestern waren zufrieden damit, »obwohl doch damaliger Zeit schier alle hochgeborene Fräulein und von zarter Complexion waren«. Auch wurde früher nie ein Arzt geholt. Das war zu teuer, denn er musste mit der Kutsche abgeholt und zurückgebracht werden und wurde für die ganze Zeit seiner Anwesenheit bezahlt. Heute schicken die Schwestern nach Lust und Laune mal zu diesem, mal zu jenem Arzt. Und: »Was einer gut macht, verdirbt der andere.« Die gegenwärtige Klosterapotheke ist ausgestattet wie eine Stadtapotheke. Alles zu kostbar, zu teuer und außerdem schlecht verwaltet, so dass viele der teuren Substanzen verderben. Die gewerblichen Apotheker, die Frau und Kinder zu ernähren haben, stöhnen über die Klosterkonkurrenz, die nicht einmal darauf besteht, dass ihre Arzneien auch bezahlt würden. Und nie ist Feierabend oder Festtag in der Apotheke.

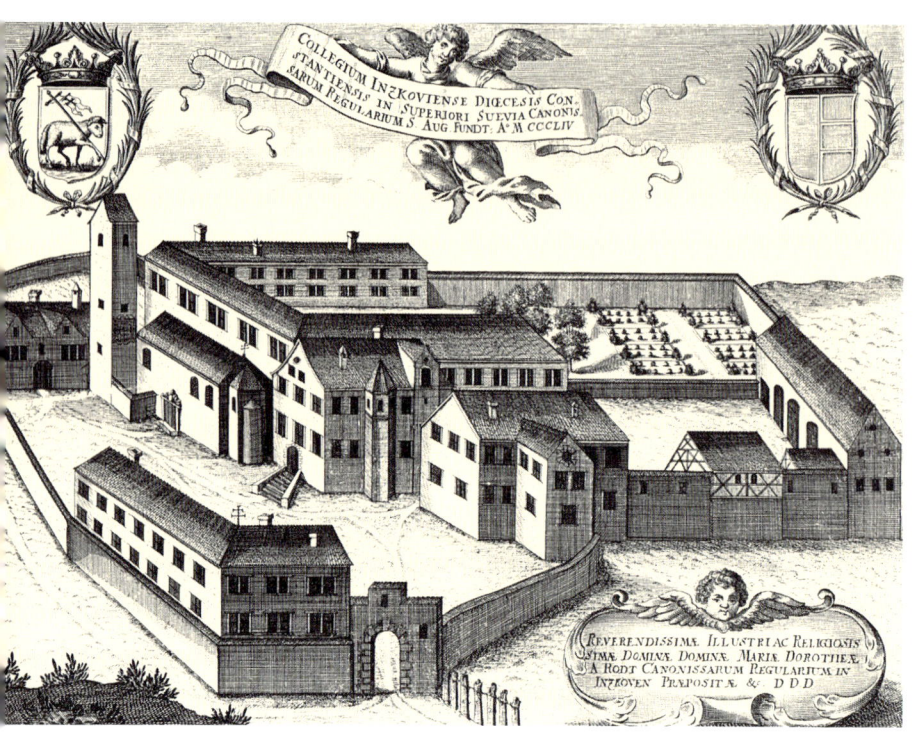

COLLEGIUM INZKOVIENSE DIŒCESIS CON-STANTIENSIS IN SUPERIORI SUEVIA CANONIS-SARUM REGULARIUM S. AUG. FUND. AᵒM. CCCLIV

REVERENDISSIMÆ. ILLUSTRI AC RELIGIOSIS-SIMÆ. DOMINÆ. DOMINÆ. MARIÆ. DOROTHEÆ. A RODT CANONISSARUM REGULARIUM IN INZKOVEN. PRÆPOSITÆ. &. D D D

Maria Monika Hafner ist allezeit sehr besorgt um das Ansehen des Stifts in den Augen der Weltleute. Ansicht der Klosteranlage Inzigkofen. Druckgrafik um 1700.

Die klösterliche Ordnung wird durchbrochen, gegen das Schweigegebot wird verstoßen, die geistlichen Übungen werden versäumt. Dazu kommt das »viele Geschwätz« mit der Kundschaft an der Pforte und am Sprechgitter. Von den Einnahmen kauft die Apothekerin nach Belieben und viel zu verschwenderisch ein. Mit ihren gesüßten statt bitteren Arzneien werde nicht nur das Gelübde der Armut verletzt, sondern auch der Sinnlichkeit Vorschub geleistet, gibt Schwester Monika zu bedenken. Und außerdem zweige die Apothekerin vieles für ihre Angehörigen ab, mit denen sie auch jede Menge Zeit am Redfenster vertue.

Auch die Klausur wird nicht gewahrt. Wenn früher Handwerker ins Kloster kamen, wurde die Eingangstür gleich wieder verschlossen. Heute bleibt der Schlüssel stecken, so dass die

Handwerker und ihre Gehilfen den ganzen Tag lang aus und ein gehen, überall im Kloster hinkönnen, und das ohne jede Aufsicht seitens der Nonnen: der Maurer mit seinen Buben, der Küfer, auch der Ackerbaumeister, der offenbar ein Schluckspecht ist. »Er geht wohl nüchtern [in den Weinkeller] hinein, aber nicht mehr so heraus.« Die Kreuzgangtür steht oft offen, so dass die Leute von der Kirche ins Kloster und in die Klausur kommen können. Und viele Schwestern machen viel zu exzessiv Gebrauch vom Sprechgitter. Dort reden sie mit dem Kaplan, dem Schneider oder dem Herrendiener, der Gastmeisterin, den Mägden, der Ackerbaumeisterin, der Magd aus der Klostergaststätte. Und mit Eltern, Freunden und Verwandten, die sie herbestellt hätten, denn »all ihre Freude ist, am Fenster zu stehen und sich die Zeit zu verkürzen«.

Maria Monika Hafners Lamento über neue Kleidersitten erlaubt tiefe Einblicke in ein Kapitel Klostergeschichte von kulturhistorischem Seltenheitswert: Was trägt eine Nonne unter ihrem Habit? Früher, schreibt Schwester Monika, habe man es mit der »heiligen Armut« noch genau genommen. Obwohl zahlreiche Gräfinnen und Baronessen und Personen mit »zarter Complexion und weichgliedrig« im Kloster lebten, waren »Schnürmieder mit Fischbein« nie erlaubt gewesen. Und in anderen Klöstern dulde man so etwas auch nicht. Jedoch habe sich schon die frühere Pröpstin Karrer überreden lassen, »den unabgetöteten jungen Klosterfrauen, die ziemlich der Eitelkeit ergeben waren und meinten, sie seien nicht rahn [schlank] genug«, eine Schnürbrust zu erlauben, in dem Glauben, es sei der Gesundheit und der Ehrbarkeit förderlich, »weil die Weibsbilder große Brüste haben«. Man müsse, so wurde argumentiert, die Brust einschnüren, weil man sonst vor den Weltleuten am Redfenster nicht jungfräulich genug erscheine. Schwester Monika lässt das nicht gelten. Nonnen hätten nun einmal, wie alle Frauen, Brüste. Das starke Schnüren sei ungesund und wegen der vielen Verneigungen beim Chorgebet auch hinderlich. »Es sind einige, die sehen nur darauf, wie schön und rahn und sauber [adrett] sie in den Kleidern daherkommen.« Und was das kostet! Ein einfaches Leibmieder kostet sechs bis acht Gulden, eines mit Fischbein, aus schöner zarter Leinwand, mit farbiger Seide abgesteppt, dagegen elf bis zwölf Gulden. »Sogar die Laienschwestern tragen jetzt solche Mieder. Was 43 solche Mieder das ganze Jahr an Arbeit und Mühe verlangen würden, weiß der Herrenschneider am besten: Leder zum Besetzen, zum Füttern, zerbrochenes Fischbein usw. Beim starken Schwitzen im Sommer ist das innere Futter gleich hin und entsteht ein schlechter Gestank, daß die Mannsleut ihr Gespött deswegen haben. Dagegen kann man die zwilchenen Gestältlein [Leibchen] leicht waschen und Jahr und Tag lang tragen.«

Schwester Monikas Klageschrift zeigt den Zusammenprall zweier Frömmigkeitsformen, in denen sich wohl auch ein Generationenkonflikt spiegelt: auf der einen Seite die starre, strenge, regelgeleitete Gottesfurcht, die Schwester Monikas Partei hochhält, auf der anderen eine individuellere, freiere Frömmigkeitspraxis. Über vierhundert Seiten kommen zusammen, die Maria Monika Hafner an den Ordensvisitator, den Abt des Augustinerchorherrenstifts in Kreuzlingen, schickt. Als der Bischof von Konstanz, unter dessen Gerichtsbarkeit das Stift steht, den Mängelbericht zu lesen bekommt, reagiert er höchst ungehalten über die Zustände im Konvent. Das bekommt auch der nichts Böses ahnende Beichtiger zu spüren, dem der Bischof zunächst die Schuld an den »schädlichen Factiones« (Parteiungen) gibt. Dem Beichtiger selbst und einem Brief der Pröpstin gelingt es jedoch, den Bischof zu überzeugen, dass in Inzigkofen alles seine Ordnung habe.

Beim Besuch des Klostervisitators werden die Nonnen aufgefordert, alles zu offenbaren, »was jetzt oder in Zukunft einer guten geistlichen Disziplin könnte schädlich sein«, damit solches in Ordnung gebracht werde »und auch einer jeden zu ihrer innerlichen Ruhe, Vergnügen und Fortgang in standmäßiger Tugend und Vollkommenheit« verholfen werden könne. Eine der Chorfrauen gibt zu bedenken, dass »unter den Schwestern eine bessere Einverständnis und Liebe sein« sollte. Die Visitation endet erstaunlicherweise zur allseitigen Zufriedenheit und auch das Wohlwollen des Bischofs ist wieder hergestellt. Nach der Visitation versammelt die um den guten Ruf ihres Klosters besorgte Pröpstin den ganzen Konvent im Kapitelsaal und mahnt eindringlich,»recht nach dem alten Inzigkofer Geist, Andacht, Demut und Liebe zu leben und die alte gute Disziplin zu erhalten«. Die jüngeren Schwestern nimmt die Pröpstin noch einmal extra ins Gebet, die daraufhin unter Tränen Besserung versprechen. Der Bischof reduziert die selbst auferlegten Gebetsverpflichtungen des Konvents und verbietet, sehr zum Leidwesen der Pröpstin, die von einigen Schwestern bereits praktizierte ewige Anbetung. So hat die Beschwerdeschrift der Schwester Maria Monika Hafner durchaus ihre Wirkung getan. Wie die Klage führende Nonne ihre verbleibenden Klosterjahre erlebte, entzieht sich unserer Kenntnis. Sie starb am 13. Dezember 1771, ein halbes Jahr vor ihrem goldenen Professjubiläum, voller Schmerz darüber, dass sie ihren Ehrentag nicht mehr erleben würde.

Ins Kloster gesteckt:
Die Rottenburger Franziskanerin
Maria Anna Beck

Die Literatur der Aufklärung liebte das Motiv der unfreiwilligen Nonne, die hinter Klostermauern ein unerfülltes, trostloses Kerkerdasein führt. Zwar traf das auf die wenigsten Ordensfrauen tatsächlich zu, gemessen an der geringen Zahl derer, die sich nach der Klosteraufhebung tatsächlich säkularisieren lassen wollten. Aber Töchter, die von ihrer Familie ins Kloster abgeschoben wurden, gab es schon. Zum Beispiel Maria Anna Beck aus Rottenburg am Neckar, das als Mittelpunkt des Oberamts Hohenberg zu Vorderösterreich gehörte. Auf ihr Schicksal ist die Historikerin Ute Ströbele bei ihrer Untersuchung über die Aufhebung südwestdeutscher Frauenklöster unter Kaiser Joseph II. gestoßen.

Maria Anna Beck kommt 1735, im Jahr des großen Stadtbrands, zur Welt, als Tochter aus gutem Hause. Familie Beck, ursprünglich Prestinari, ist im 17. Jahrhundert aus der Lombardei zugewandert und hat ihren Namen schon bald eingedeutscht. Es sind wohlhabende und erfolgreiche Kaufleute mit besten Verbindungen zu führenden Handelshäusern. Sie tätigen auch Geldgeschäfte und beliefern zeitweise den Hof des Fürsten von Hohenzollern-Hechingen mit »Spezereien«. Mehrere Generationen lang stellen sie Rats- und Gerichtsherren in Rottenburg, später auch hohe vorderösterreichische Verwaltungsbeamte.

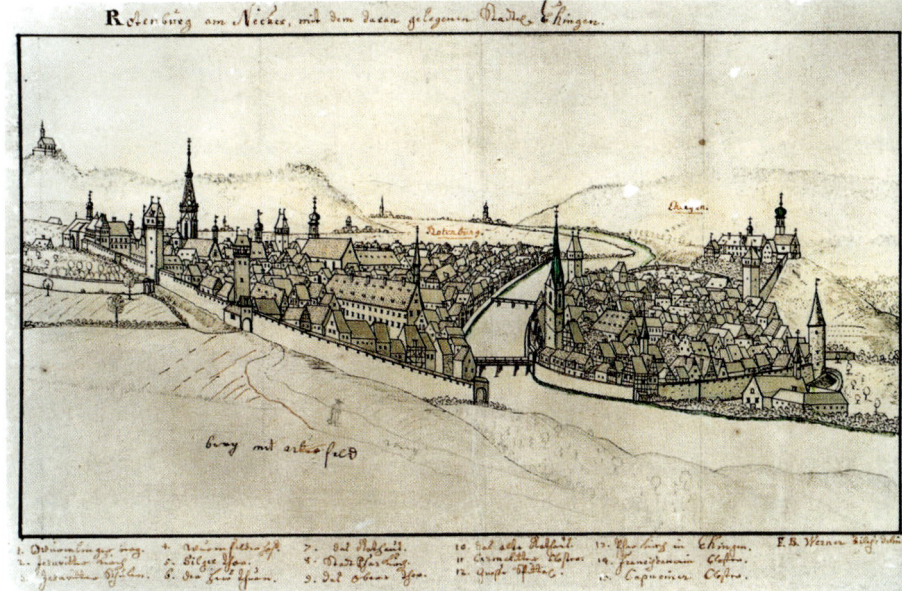

Maria Anna hat elf Geschwister. Die Mutter dieser stattlichen Kinderschar wollte eigentlich ins Kloster gehen, aber dann kam es anders, und noch immer fühlt sie sich schuldig deswegen. Jetzt soll es die Tochter in Ordnung bringen. Aus der Psychologie wissen wir heute, dass es selten gut ausgeht, wenn Kinder stellvertretend ein Lebensziel verwirklichen sollen, das die Eltern nicht erreichten. Die Mutter selbst gibt später zu, die Unreife ihrer Tochter ausgenutzt und sie durch »Drohungen, Liebkosungen und Versprechungen« ins Kloster gelockt zu haben. Sie wird ihr zugeredet haben, wird die Gnade Gottes ins Feld geführt, das Klosterleben als Königsweg zur ewigen Seligkeit gepriesen haben. Und statt sich mit einem irdischen Gemahl plagen zu müssen, mit Schwangerschaften und Kindbett, erfreut sich eine Braut Christi der reinen Liebe zu ihrem himmlischen Bräutigam, der sie niemals enttäuscht. Zudem, so wird die Mutter argumentiert haben, müsse die Tochter ja nicht einmal in die Fremde. Sie kann in Rottenburg bleiben. Die Franziska-

Rottenburg am Neckar, Mittelpunkt des Oberamts Hohenberg, gehörte zu Vorderösterreich. Federzeichnung von Friedrich Bernhard Werner, um 1739.

Die Obere Klause. Im Kloster führt Maria Anna Beck ein »missvergnügtes und trostloses Leben«.

nerterziarinnen in der Oberen Klause stammen fast alle aus der Stadt oder der näheren Umgebung. Vor allem aber hat die Mutter wohl mit dem Verlust ihrer Liebe gedroht, wenn sie sich nicht fügen würde.

Die Tochter wehrt sich, aber ein 15-jähriges Mädchen ist einer von ihrer Sache überzeugten Mutter schwerlich gewachsen. Maria Anna berichtet später, sie sei unter Zwang ins Kloster gebracht worden. Während ihres Noviziats habe man ihr kleine Freiheiten und Annehmlichkeiten gewährt. Offenbar will man ihr beweisen, dass es im Kloster so schlimm doch gar nicht sei. Tatsächlich sind die Lebensbedingungen nicht mehr von asketischer Strenge und Entbehrung geprägt. Die Schwestern können persönliche Gegenstände ins Kloster mitnehmen und sich ihre Zellen wohnlich einrichten. Auch Besitz und Vermögen ist in gewissem Rahmen erlaubt. Die Obere Klause ist zu dieser Zeit wirtschaftlich gut aufgestellt.

Für die tägliche Arbeit in Haus, Garten und Landwirtschaft, die in vielen anderen Bettelordensklöstern die Schwestern selbst verrichten müssen, kann man sich Dienstboten leisten. Auch leben die Drittordensschwestern des heiligen Franziskus im Gegensatz zu den Klarissen traditionell nicht in Klausur. Almosensammlungen, Krankenpflege, Armenspeisung und -fürsorge führen sie nach draußen. Sie dürfen Besuche empfangen und Besuche machen, wenn auch nur mit Genehmigung der »Mutter«, das heißt der Klostervorsteherin. Doch selbst wenn sich das Klosterdasein für Maria Anna Beck, gemessen an früheren Verhältnissen, leichter und freier gestaltet hat, wird ihr das ein schwacher Trost gewesen sein. Mit welchen Gefühlen mag sie die nahezu unwiderruflichen Ewigen Gelübde abgelegt haben, ohne Neigung zum Ordensleben, ohne Berufung, ohne Überzeugung?

Im Kloster führt Maria Anna denn auch ein »missvergnügtes und trostloses Leben«, sie ist keinen Augenblick zufrieden mit ihrem Los. Ihre Familie weiß es, der Konvent weiß es, ihre Seelsorger wissen es, denn Maria Anna macht keinen Hehl aus ihrem Widerwillen. Doch als ihre Mutter ihren Fehler einsieht und die Dispensierung der Tochter von den Ordensgelübden auf eigene Kosten betreiben will, wissen ihre Söhne und der Schwiegersohn das zu verhindern. Maria Anna ist ins Kloster gegangen, und dort soll sie bleiben. Bei ihrem Eintritt ist ihre Mitgift dem Kloster zugefallen, damit hat Maria Anna keine Erbansprüche mehr und würde der Familie auf der Tasche liegen. Von der Unehre für die Angehörigen der abtrünnigen Ordensfrau ganz zu schweigen.

Während Maria Anna im Kloster ein freudloses Dasein fristet, machen zwei ihrer jüngeren Brüder als Verwaltungsbeamten im Dienste Österreichs Karriere. Ihre Laufbahn führt sie nach Wien und Konstantinopel, aber immer amtiert einer von beiden in Rottenburg. Zwischen 1773 und 1778 stellen sie nacheinander den Stadtschultheiß. Die Familie hat nicht nur Geld, sondern auch Einfluss. Und den macht sie geltend, damit Maria Anna im Kloster bleibt und ihre Fehltritte unter der Decke gehalten werden. Denn Maria Anna sorgt dafür, dass weder die Familie noch der Konvent Freude an ihr haben.

Im Jahr 1762, nach zwölf Klosterjahren, kommt sie mit einem Tübinger Juristen ins Gerede. Sie unternimmt ungenehmigte Reisen in männlicher Begleitung, pflegt Kontakte zu Weltleuten. So benimmt sich keine Ordensfrau. Ordenstracht und Ordensgelöbnis hindern sie auch nicht an einer langjährigen Liebesbeziehung zu einem Geistlichen, die 1767, dem Todesjahr ihres Vaters, aktenkundig wird. Ihr Liebhaber ist Stiftskaplan des Rottenburger Chorherrenstifts St. Moriz, das traditionell die Beichtväter für die Obere Klause stellt. So mögen sie sich kennengelernt haben und einander nähergekommen sein. Die Beziehung der beiden ist ein offenes Geheimnis. Eines Nachts werden sie im Gästezimmer des Klosters von der Vorsteherin Mutter Kunigunda und einer Schwester namens Krescentia in flagranti ertappt. Mutter Kunigunda klopft energisch an die Tür. Zweimal, dreimal. Keine Antwort. »Maria Anna, sie öffne!«, befiehlt sie. Wieder keine Antwort. »Maria Anna, sie öffne, ich weiß nämlich, wer drinnen ist.« Schließlich droht Mutter Kunigunda, die Tür von den Klosterknechten aufbrechen zu lassen. Da geht die Tür auf. Drinnen sind, zu zweit allein, Maria Anna und Stiftskaplan Johann Michael Daub. Die Sache wird dem Ordensprovinzial und dem Guardian des Horber Franziskanerklosters gemeldet. Maria Anna darf das Kloster sechs Wochen lang nicht verlassen, sie muss zwei Wochen lang Exerzitien halten und bekommt eine andere Zelle zugewiesen. Daub bekommt Hausverbot. Mutter Kunigunda und Schwester Krescentia, so berichtet der Klostervisitator über das offenbar schon einige Zeit zurückliegende Ereignis, seien bereit, ihre Aussage zu beeiden, und fügt hinzu: Daub »werde zwar sagen, die Schwestern Kunigunda und Krescentia seien dem Wein zugetan und letztere sei gerade in jener Nacht betrunken gewesen. Die Mutter sei als Satisfaktion [zur Strafe] für ihre Heftigkeit abgesetzt worden, aber das seien leere Ausflüchte, durch die er sich nicht im Mindesten herauswinden könne. [...] Die Mutter sei abgesetzt worden wegen der schlechten Verwaltung der Wirtschaft und weil es unter den Schwestern keinen Frieden gab, und aus keiner anderen Ursache«. Den Augenzeuginnen könne gänzlich vertraut werden. Johann Michael Daub besucht Maria Anna seit Jahren täglich im Kloster. Man trinkt Kaffee und Wein miteinander. Als Harlekine verkleidet feiern sie Fastnacht zusammen. Unter den Augen des Konvents tauschen sie Zärtlichkeiten aus. Alle wissen um die Beziehung und tolerieren sie. Bis die Folgen unübersehbar sind, auch für die Öffentlichkeit. Maria Anna ist schwanger, 1771 bringt sie im Kloster eine Tochter zur Welt. Sie wird auf den Namen Maria Catharina getauft und zur Familie einer Klostermagd in Pflege gegeben, wo sie nach fünf Wochen stirbt.

Der Orden leitet eine Untersuchung ein, während derer Maria Anna bei Wasser und Brot in ihrer Zelle eingeschlossen bleibt. Der zuständige Konstanzer Bischof beauftragt den Pfarrer einer Nachbargemeinde mit der Visitation des Konvents. Dagegen wehren sich die Schwestern in der Oberen Klause. Sie unterstünden nicht der bischöflichen Gerichtsbarkeit, so argumentieren sie, sondern seien nur ihrem Orden zum Gehorsam verpflichtet. Außerdem sei der beauftragte Geistliche befangen. Er habe Maria Anna selbst unlautere Angebote gemacht. Die Schwestern suchen Hilfe beim Orden: beim Guardian des Horber Franziskanerklosters und bei der Ordensleitung in Tirol. Der Provinzial verwahrt sich gegen die Einmischung des Bischofs. Er beruft sich auf die Exemption (Befreiung) der Drittordensklöster der Tiroler Ordensprovinz von der bischöflichen Jurisdiktion und auf ein kaiserliches Dekret, wonach die Ordensleitung für die Bestrafung von Disziplinarverstößen zuständig sei. In Konstanz sieht man das anders und führt ins Feld, dass die Ordensleitung bisher nichts gegen die Missstände in der Oberen Klause unternommen habe, die nun »sogar bis zum öffentlichen Ärgernis der umgelegenen Nachbarschaft« geführt hätten. Der Bischof ernennt einen neuen Visitator, den sich der Konvent, solange es geht, mit Verzögerungstaktiken vom Leibe hält. Darauf bittet der Bischof die vorderösterreichische Regierung in Freiburg um Amtshilfe, und erst als das Rottenburger

Gegenüberliegende Seite: Zu zweit allein ... Die Vorstellung, was Nonnen und Mönche miteinander treiben könnten, hat die Phantasie der Menschen beschäftigt, seit es Klöster gibt. Hier: ein Holzschnitt aus dem frühen 16. Jahrhundert. Spätere Kolorierung.

Oberamt dem Kloster ein Zwangsgeld von 100 Reichstalern androht, kann der Visitator im Januar 1772 seine Arbeit aufnehmen.

Klostervisitator Spengler hat sich im Konvent umgehört, sich nach Orten und Gelegenheiten erkundigt, bei denen das Liebespaar sich getroffen haben und miteinander allein gewesen sein konnte. Gezielt befragt er Maria Anna danach. Zwei Tage dauert das Verhör. Den Methoden des Ermittlers geht Maria Anna aber nicht auf den Leim. Sie gibt sich harmlos und stellt sich dumm. Sie weiß sehr wohl, dass Bischof und Ordensleitung sich gegenseitig die Zuständigkeit für ihren Fall absprechen, und spielt die beiden Instanzen gegeneinander aus. Vor allem aber gibt sie – wie anfangs auch Daub – nur eine einmalige sexuelle Begegnung zu, die zu der Schwangerschaft geführt habe. Ein langjähriges Verhältnis streitet sie ab. Sie seien aber doch bei Zärtlichkeiten beobachtet worden, hält Spengler ihr entgegen, Stiftsvikar Daub habe sie »am oberen oder unteren Leibe« angefasst. Ach ja, das, meint Maria Anna, da sei sie krank gewesen und Daub habe, um sie zu untersuchen, seine Hand auf ihren Bauch gelegt. Maria Anna lässt sich weder in Widersprüche verwickeln noch mit dem angeblichen Geständnis ihres Liebhabers bluffen. Daub hingegen fällt auf Spenglers Finte herein, dass Maria Anna alles gestanden und ihm die Hauptschuld zugeschoben habe. Er bezichtigt sie weiterer Männerbeziehungen, unter anderem auch zu dem Geistlichen, der zunächst als Visitator vorgesehen war. Für den bischöflichen Kommissär ist der Fall klar und Maria Anna die Verführerin. Daub ist das Opfer, das »von ihr mit Schmeichelung, Wein und Kaffee« verleitet worden ist.

Maria Anna ist zu keinem Geständnis zu bewegen. Für Spengler ist aber »offenbar, daß sie für Daub [eine] unordentliche Liebe gezeigt« habe und dabei so weit gegangen sei, »daß sie sogar vor andern ihn geküßt habe und man könne nur vermuten, daß mehr geschehen sei«. Sie habe »sich gröblich vergangen und als Gottverlobte mit [einem] Priester ein mehrjähriges Lieb-

gewerbe unterhalten«. Damit sei sie zum Ärgernis geworden, nicht nur für ihre Mitschwestern und das Kloster, sondern für die ganze katholische Welt. Das bischöfliche Ordinariat verlangt die Wahl einer neuen, von außen kommenden Klostervorsteherin und Maria Annas Strafversetzung in ein strengeres Kloster. Sie soll nach Groggental in Ehingen an der Donau verlegt werden, eines der wenigen klausurierten Drittordensklöster. Dort aber will man sie nicht aufnehmen. Und es findet sich auch keine auswärtige Schwester dazu bereit, die Führung des Problemkonvents zu übernehmen. Den vom Orden verhängten Zellenarrest bei Wasser und Brot hat das bischöfliche Ordinariat inzwischen aufgehoben. Am Ende geht Maria Anna straffrei aus, aber Johann Michael Daub darf sein Predigeramt nicht mehr ausüben. Es braucht zwölf Jahre Wohlverhalten, bis er daran denken kann, den Knick in seiner Laufbahn auszubügeln.

Hundert Jahre früher wäre die Affäre weit weniger glimpflich ausgegangen. Beide hätten den Bruch ihres Keuschheitsgelübdes mit langem, vielleicht sogar lebenslangem Klosterkerker bei strengem Fasten und körperlicher Züchtigung büßen müssen. Doch seit dem 31. August 1771 sind in den österreichischen Ländern die Klosterkerker verboten. Bis dahin hatte die Kirche ihre eigene Strafgerichtsbarkeit inne. Verfehlungen von Ordensleuten wurden ordensintern untersucht und geahndet, stets im Bemühen, nichts an die Öffentlichkeit gelangen zu lassen, was das Ansehen eines Ordens schädigen konnte. Das hat sich nun mit den Reformen unter Kaiserin Maria Theresia und ihrem Sohn und Mitregenten Joseph II. geändert. Joseph will die Religion nicht abschaffen, aber vernünftig soll sie sein, modern und aufs Diesseits ausgerichtet, zum Nutzen für die Gesellschaft. Die Kirche soll kein selbständiger Staat im Staat sein, sondern eine vom Staat kontrollierte Einrichtung. Künftig dürfen die Klöster nur noch Disziplinarverstöße ahnden, nicht mit Kerkerstrafen, sondern allenfalls mit Zellenarrest und moderatem Fasten, ohne Züchtigung und nur auf Zeit.»Um Gottes Willen, was muß man also mit gottlosen und ärgerlichen Ordensgeistlichen anfangen?«, klagt der Abt von St. Märgen seinem Tagebuch.»Man muß halt das Laster laufen lassen ohne gebührende Straf, wie sich denn erst kürzlich der Zufall ereignet [hat], daß eine Klosterfrau […] von einem Kanonikus geschwängert worden. Sie hat geboren zum allgemeinen Ärgernis der Katholischen und Ketzer, welche um Rottenburg herum wohnen. Nun hat der Franziskanerprovinzial sie zu halbjährigem Kerker verdammt. Die Regierung aber hat diese Straf nicht zugelassen, sondern ihr nur 8- oder 14-tägige Exerzitien auferlegt. Ist jetzt dies auch eine Straf, die solche einem erheblichen und skandalösen Vergehen angemessen [ist]?«

Zu einer Zeit, als Klöster ohnehin im Kreuzfeuer der Kritik stehen, wächst sich der Skandal um Maria Anna Beck zum Politikum aus. Der Rottenburger Landvogt von Zweyer nutzt ihn für seine Zwecke. Er will ein staatliches Eingriffsrecht in die inneren Verhältnisse des Konvents durchsetzen, Vermögen und Einkünfte der Oberen Klause der Kontrolle seiner Behörde unterwerfen, und er betreibt die Zusammenlegung der Oberen Klause mit dem Horber Franziskanerinnenkonvent. Brühwarm leitet der eifrige Landvogt alle schlechten Nachrichten aus der Oberen Klause, die ihm zu Ohren kommen, an die Regierung in Freiburg weiter. Doch die hält sich ans geltende Recht und beauftragt ihn lediglich, darauf zu achten, dass die Delinquentin nicht in Klosterhaft genommen wird.

Maria Anna bleibt in Rottenburg, und als im Jahr 1776 erneut Beschwerden über sie laut werden, ist sie durch Vermittlung ihres Bruders zur Klosterschaffnerin (Verwalterin) avanciert, ein bemerkenswerter Aufstieg für eine Frau mit ihrem Sündenregister. Allerdings sind ihre Mitschwestern nicht mit ihrer Wirtschaftsführung einverstanden und beschweren sich beim Ordensprovinzial darüber. Die Angelegenheit wird untersucht, der Klostervisitator urteilt: »Wahr ist, daß unter dem Vorwand der Sorge um die Wirtschaft nicht allein ziemlich frei mit dem anderen Geschlecht in und außerhalb des Klosters umgegangen wird, sondern auch, daß man sich in jeder Weise der Disziplin der Regel zu entziehen versucht. Man hat nämlich unter der bestehenden Administration die günstigste Gelegenheit herumzuvagabundieren, das Kloster zu verlassen und zurückzukehren und so mit jeder Person nach Belieben zu schwätzen.« Der Visitator plädiert dafür, Maria Anna so schnell wie möglich von ihrer Aufgabe zu entbinden und ihre Stellvertreterin, »eine

Gegenüber-
liegende Seite: Ihm
verdankt Maria
Anna Beck ihre
späte Freiheit –
Joseph II., der
die Klöster in den
österreichischen
Erblanden aufhob.

durch Tüchtigkeit und Klugheit ausgezeichnete Frau«, damit zu betrauen.»Wenn diese Dinge nicht abgestellt werden, werden in der Tat viele Übel folgen, und was die Hauptsache ist, gerät nicht nur das Heil einer einzigen Seele, sondern das aller Schwestern […], die sich in diesem Kloster befinden, in Gefahr.«

Das»Übel«, das nun folgt, betrifft womöglich nicht das Seelenheil der Schwestern, aber sehr nachhaltig das Schicksal der Oberen Klause. Jetzt nämlich gelingt es Landvogt von Zweyer, seine Maßnahmen durchzusetzen: die Einführung der Klausur, die Unterstellung des Klosters in geistlichen Angelegenheiten unter bischöfliche Gerichtsbarkeit, die Verwaltung des Klostervermögens durch das Oberamt und die Zusammenlegung mit dem Horber Konvent gegen den Willen aller Beteiligten. Die Ordensleitung wird nicht einmal mehr gefragt. Die Regierung verlangt vom Ordensprovinzial, Maria Anna ins Kloster Groggental zu versetzen, was jedoch offensichtlich unterbleibt, denn bei der Klosteraufhebung im Jahr 1782 ist sie als Konventsmitglied der Oberen Klause verzeichnet.

Maria Anna hat Glück im Unglück. Glück, dass Rottenburg zu Vorderösterreich gehört. Und dass Österreich von einem Monarchen regiert wird, der Klöster für überflüssig hält, besonders solche Orden, die»keine Jugend erziehen, keine Schulen halten und keine Kranken warten, und welche bloß *vitam contemplativam* führen«. Das bedeutet das Ende der weitaus meisten, weil klausurierten und kontemplativen (beschaulichen) Frauenkonvente. Im schwäbischen Vorderösterreich sind 28 Frauenklöster betroffen. Nur ein paar Monate haben die Schwestern Zeit, um ihr Leben neu zu regeln, dann müssen sie ihr Kloster verlassen. Sie bekommen eine magere, nur in den österreichischen Ländern zu verzehrende Pension von 200 Gulden jährlich, mit der sie ihr neues Leben fristen sollen, entweder in einem der verbleibenden»nützlichen« Klöster oder in einem staatlichen »Institut«, wo sie unter Leitung eines Weltpriesters ihren Lebensabend verbringen können. Man nennt sie»Absterbeklöster«. Oder sie begeben sich»in weltliche Kost«, das heißt, sie las-

scn sich als Privatpersonen nieder, wobei die Kirche die Frauen unter ihrer Kontrolle behalten will und verlangt, dass sie auch weiterhin ihre Ordensgelübde erfüllen. Manche Schwestern bemühen sich in dieser Situation um Lossprechung, »weil sie nämlich niemals anders als in dem Ordensstande ihr Gelübde zu halten gesinnt gewesen« sind. Denn was unter den Bedingungen einer geschützten, materiell abgesicherten Klosterexistenz seinen Sinn hatte, lässt sich im weltlichen Leben nur schwer verwirklichen. Armut? Wenn der Lebensunterhalt durch den Orden nicht mehr gesichert ist? Keuschheit? Wenn manche Frauen über Heirat nachdenken? Gehorsam? Wenn die Frauen verhindern wollen, dass die Kirche in ihr Leben eingreift und sie womöglich gegen ihren Willen in andere, noch bestehende Klöster einweist, wo sie dann sehen müssen, wie sie sich mit den dortigen Schwestern arrangieren?

In der Oberen Klause verlangt, vielleicht unter Maria Annas Einfluss, über die Hälfte der 18 Schwestern die Dispensierung. Am Ende verzichten dann aber doch fast alle darauf, denn ein bischöflicher Kommissär macht ihnen klar, dass eine Dispensierung von den Ordensgelübden ein aufwändiges kirchliches Gerichtsverfahren erfordert und überhaupt nur dann Erfolgsaussichten hat, wenn sie nachweisen können, dass sie zum Klostereintritt gezwungen wurden. Maria Anna Beck kann es und mit ihr zwei weitere Rottenburger Schwestern. Sie beharren auf einem Prozess. Nach Auffassung des Ordinariats können sie den Beweis erbringen, »daß sie zu dem Klosterleben niemals einen wahren Beruf gehabt, daß sie von ihren Eltern […] zu Ablegung der Gelübde verleitet worden, […] ihre Unlust aber teils vor, teils in und nach der Profession immerdar erkennbar geäußert haben«. Trotzdem zögert die Kirche, dem Verlangen der Frauen stattzugeben. Da machen sich die drei Schwestern die Besorgnis der Kirche um das öffentliche Erscheinungsbild der ehemaligen Ordensschwestern zunutze. »Alle diese drei unglücklichen Personen bestehen auch auf ihrem Gesuch mit unnachgiebigem Ernst, und man müßte billig besorgt sein, daß sie, wenn ihnen alle Hoffnung zum Erhalt der nachgesuchten Dispensation genommen werden wollte, sich entweder einem ärgerlichen Lasterleben ergeben« oder aber ihre Sache vor den Kaiser brächten, »worin sie vermutlich auch von den weltlichen österreichischen Gerichtsstellen genugsam Unterstützung finden werden«.

Am Ende wird Maria Anna Beck von ihren Gelübden losgesprochen, weil sie sie »unter dem Schein und aus Besorgnis der elterlichen Ungnade weder freiwillig noch bedächtlich« abgelegt habe. Und weil der Klostereintritt aus freiem Willen geschehen müsse. Und weil Gott an einem erzwungenen Opfer keine Freude habe. Diese Erkenntnis kommt den Kirchenmännern reichlich spät. Maria Anna ist inzwischen Mitte vierzig, über drei Jahrzehnte hat sie im Kloster verbracht. Wie sich ihr weiteres Schicksal gestaltet hat, ist nicht bekannt. Es bleibt zu hoffen, dass sie die Chance nutzen konnte, die ihr durch die josephinische Kirchenpolitik geboten wurde.

»Der Herr hat's gegeben, der Herr hat's genommen.
Der Herr kann's wiedergeben«

Die Säkularisation – noch nicht das Ende der Klöster

Die josephinische Klosteraufhebung war nur der Auftakt zu einem weit größeren Kahlschlag, der zwanzig Jahre später folgte. Klöster galten den Denkern der Aufklärung als Brutstätten antiquierter Frömmigkeitsformen. Heiligenverehrung, Reliquienkult und Wunderglauben hielten sie für Unsinn. Feiertage und Wallfahrten: vergeudete Zeit, die die Leute mit nutzbringender Arbeit zubringen sollten. Die Ordensmänner: »Müßiggänger.« Die Nonnen: »Betschwestern, die dem lieben Gott den Tag stehlen.« Das ganze Ordenswesen: parasitär, rückständig und volksverdummend.

Was lag daher näher als der Zugriff auf die Klöster, als zu Beginn des 19. Jahrhunderts die deutschen Fürsten für den Verlust ihrer linksrheinischen Ländereien entschädigt werden sollten, die das französische Revolutionsheer erobert hatte? Klöster, geistliche Fürstentümer und Reichsabteien wurden aufgelöst, ihre Hoheitsrechte und ihr Besitz fielen an weltliche Landesherren. Das Klostergut wurde säkularisiert, sprich: enteignet. Im Reichsdeputationshauptschluss vom 25. Februar 1803 segneten die deutschen Fürsten diese Entscheidung ab. Viele Ordensleute hatten die Entwicklung kommen sehen. In der Öffentlichkeit rührte sich kaum Widerstand oder Protest, als es so weit war. Die Betroffenen selbst nahmen die Auflösung ihrer Klöster gott-

ergeben hin und empfahlen sich der Gnade der neuen Herren. »Gewalt geht über Recht! Der Herr hat's gegeben, der Herr hat's genommen. Der Herr kann's wiedergeben. Gepriesen sei der Name des Herrn«, schrieb, zwischen Resignation und Trotz, die Äbtissin der Zisterzienserinnenabtei Heggbach.

Die Enteignung der Klöster ging geordnet und bürokratisch vonstatten. Gründliche Beamte inventarisierten den Klosterbesitz bis zum letzten Nachttopf. Ländereien und Grundbesitz, Klostergebäude und Kirchen, Gehöfte, Zehnte, Zinsen, Renten, Barvermögen, Kapitalien und auch Schulden wechselten die Besitzer. Gemälde, kostbare liturgische Geräte, wertvolle Bücher, seltene Handschriften und andere Kunstschätze wanderten in die Schatzkammern der neuen Herren. Das Übrige wurde versteigert. Ein Kelchvelum, das heißt ein geweihtes Tuch zum Bedecken des Messkelchs, en-

Schlemmende Mönche – ein Fressen auch für Karikaturisten. Die Klosterkritik der Aufklärung ließ kein gutes Haar am Ordenswesen. Karikatur von Joseph Anton Koch, 1793.

dctc als Sitzflächenbespannung eines Thronsessels, auf dem der neue württembergische König Friedrich I. sein gewaltiges Hinterteil platzierte. Mobiliar, Weißzeug, Geschirr und Hausrat fand seinen Weg in bürgerliche oder bäuerliche Haushalte. Ausrangierte Gebetbücher endeten zur Bestürzung der Ordensleute als »Guggen« (Tüten) und Verpackungsmaterial.

Abtei- und Konventsgebäude, mit denen noch »Staat« zu machen war, dienten als fürstliche Residenzen. So wurde das frühere Amtshaus des Augustinerchorfrauenstifts Inzigkofen zum Sommersitz der Fürstin Amalie Zephyrine von Hohenzollern-Sigmaringen umgestaltet. Ihren nächtlichen Chorgesang mussten die dort verbliebenen Schwestern allerdings einstellen, da sich die fürstliche Nachbarin durch das Singen und Läuten »zu sehr inkommodiert« fühlte. Aber auch zur Unterbringung größerer Personengruppen eigneten sich die Klosterbauten: als Krankenhaus, Waisenhaus, Internatsschule, »Irrenanstalt«, als Kaserne und Invalidenheim, als Gefängnis und sogar als Hinrichtungsstätte. Im Innenhof des Zisterzienserinnenklosters Rottenmünster wurden Mitte des 19. Jahrhunderts noch zwei Todesurteile des Rottweiler Schwurgerichts vollstreckt. Manche der aufgelassenen Klöster verkauften oder verpachteten die neuen Herren an Unternehmer. So wurden aus Klöstern Spinnereien, Zichorien-, Tabak-, Porzellan- und Steingutfabriken. Im ehemaligen Augustinerinnenkloster in Oberndorf am Neckar stellte die Königlich Württembergische Gewehrfabrik Waffen her. Im Prämonstratenserstift in Schussenried entstand unter der Regierung König Wilhelms I. ein Hüttenwerk, die Wilhelmshütte. So zog in die alten Gemäuer, die einst den Geist gläubiger Frömmigkeit beherbergt hatten, das Kalkül zweckgerichteter Ökonomie ein. Diese »Klosterfabriken«, die oft in strukturschwachen Regionen entstanden, schufen Arbeitsplätze und leisteten einen Beitrag zur Industrialisierung. Nur die ehemaligen Klosterkirchen blieben weitgehend erhalten, da man sie nach der Säkularisierung meist als katholische Pfarrkirchen nutzte.

Für die Ordensleute selbst bedeutete die Säkularisierung einen radikalen Bruch mit dem Leben, dem sie sich geweiht hatten. Die Männer konnten und sollten nach dem Willen der Obrigkeit als Weltgeistliche, Lehrer oder Handwerker ihren Lebensunterhalt verdienen. Die gewesenen Ordensfrauen hatten solche Möglichkeiten nicht. Man gewährte ihnen eine Pension, von der sie künftig ihr Leben zu fristen hatten. Zwischen 3000 und 6000 Gulden jährlich standen einer Fürstäbtissin zu, älteren Stiftsdamen 1450 Gulden, jüngeren 900 Gulden. Chorfrauen mussten sich mit 200 Gulden jährlich begnügen, Laienschwestern mit 100 Gulden. Novizinnen wurden mit einer mageren Abfindung nach Hause geschickt.

Zwar gestaltete sich die Säkularisation von 1803 nicht ganz so radikal wie die josephinische Klosteraufhebung, die die Schwestern zwang, ihre Klöster binnen eines halben Jahres zu verlassen. Viele neue Herren gestatteten den Nonnen zu bleiben. Aber ein Klosterleben nach althergebrachter Art war das nicht mehr, denn die Herrschaft über das Kloster und die Verwaltung der Klosterwirtschaft ging in fremde Hände über, die Schwestern waren nur noch geduldete Gäste. Die Zisterzienserinnenabtei Gutenzell fiel 1803 an den bayerischen Reichsgrafen von Törring. Der Graf erwartete einen florierenden Gutsbetrieb oder doch wenigstens die Aussicht darauf und sah sich stattdessen mit einem Schuldenberg konfrontiert, der seine Erträge auf lange Zeit hinaus aufzehren würde. Die Äbtissin ihrerseits erhoffte sich in dem neuen Herrn zunächst einen Gönner, der dem Konvent ermöglichen würde, das gewohnte Ordensleben fortzusetzen. Beide wurden schwer enttäuscht. »Die Nonnen werden doch auch nicht ewig leben; die dermaligen harten Zeiten nicht ewig währen«, tröstete der gräfliche Verwaltungsrat seinen frustrierten Brotherrn. Die Nonnen indes, vor allem aber die Äbtissin, brauchten lange, um zu begreifen, dass nicht der Graf das Kloster, sondern das Kloster den Grafen entschädigen sollte und sie von Törring und dessen Wohlwollen abhingen.

Gutenzells letzte Äbtissin, Maria Justina von Erolzheim, hatte das Kloster 27 Jahre lang regiert, als sie durch einen Handstreich der Geschichte entmachtet und von einer Prälatin mit Sitz und Stimme im Reichs- und Kreistag zur gräflichen Pen-

sionsempfängerin degradiert wurde. Sich still in die neue Situation zu schicken, war ihre Sache nicht, stattdessen wehrte sie sich hartnäckig, aber erfolglos gegen die Neuerungen, etwa als der Graf mit Zustimmung des Bischofs einen hochmotivierten, modernen, ordenskritischen Gemeindepfarrer einsetzte, gegen den nicht nur der Konvent, sondern auch die Gemeinde selbst erhebliche Vorbehalte hegte. Dass das Kloster 1808/09 an das Königreich Württemberg fiel, brachte einen weiteren Einschnitt. Eine königliche Verordnung stellte alle Frauenklöster Württembergs unter Staatsaufsicht und reglementierte das Klosterleben in einer nie gekannten Weise: Das Chorgebet wurde abgeschafft, Fasten und geistliche Exerzitien auf das von Laien erwartete Maß reduziert, die Korrespondenz mit dem bischöflichen Ordinariat untersagt, die Klausur gelockert, das Kloster unter die Aufsicht eines Dekanatskommissärs gestellt und den Nonnen

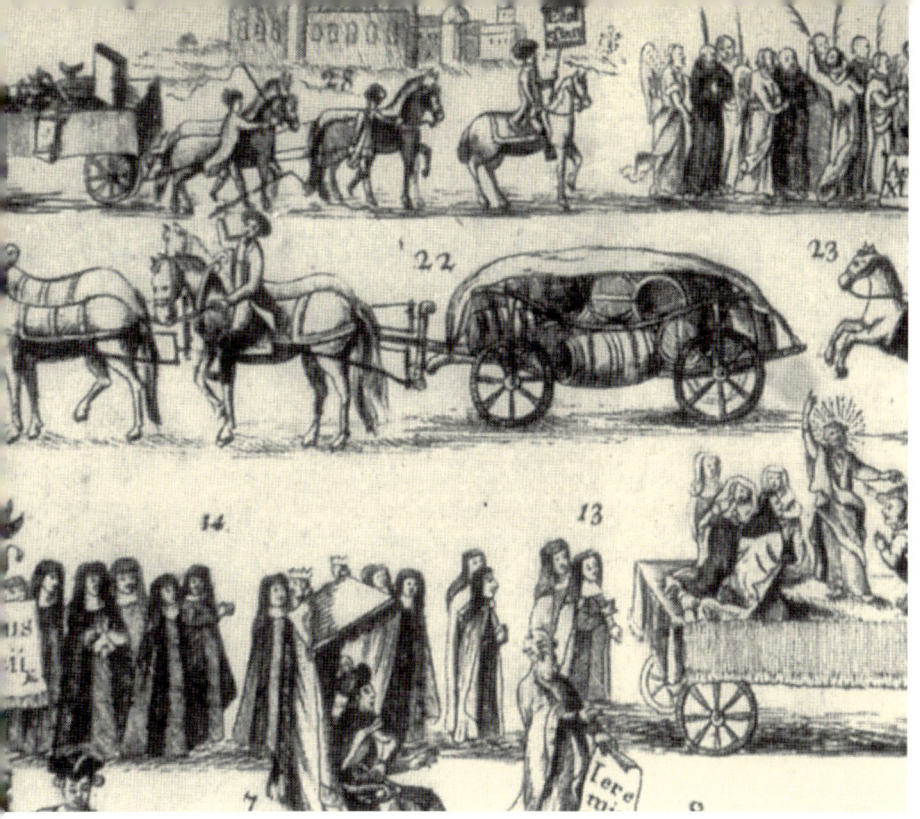

unverblümt der Austritt aus dem Kloster angeraten. Diesen »Donnerschlag« überlebte Maria Justina von Erolzheim nicht lange, sie starb am 10. April 1809 mit 63 Jahren. »Alle diese Neuerungen waren eben ein giftiger Dorn in das Herz der Frau Äbtissin gestoßen, welcher […] vielleicht zu ihrem baldigen Tode beitrug«, heißt es in der Gutenzeller Pfarrchronik.

Konfliktfrei verlief hingegen die Übernahme des Dominikanerinnenklosters Kirchberg im Sommer 1806 durch die Hofkammer des Königreichs Württemberg, unter deren Regie das Kloster schließlich in eine Staatsdomäne umgewandelt wurde. In seinen »Denkwürdigkeiten« schildert der Aufhebungskommissär Carl Friedrich Dizinger seine Begegnung mit der ihm fremden Klosterwelt. »Im Durchschnitt waren jene Klosterfrauen sehr gutmütige

Die Auflösung der Klöster ging geordnet und bürokratisch vonstatten. Für die betroffenen Ordensleute bedeutete es allerdings einen kaum vorstellbaren Bruch in ihrem Leben. Kupferstich, Ende 18. Jahrhundert.

Geschöpfe«, urteilte er. Die betagte Äbtissin erschien dem »modern« denkenden, protestantisch geprägten Verwaltungsbeamten anfangs recht lächerlich, wie sie ihm treuherzig die wundersame Gründungslegende ihres Klosters als Faktum schilderte. Bei näherer Bekanntschaft rang ihm ihre »Herzensgüte, Sitteneinfalt und Frömmigkeit« dann aber doch Bewunderung ab. Die Nonnen, berichtet Dizinger, lebten in strenger Klausur. »Ihr Tagwerk war Beten und Singen«, oft von Instrumentalmusik begleitet. Und das gefiel ihm so gut, dass er kaum eine Messe oder Vesper versäumte, wenn die Musik spielte. »Die Besorgung der häuslichen Geschäfte war den Laienschwestern überlassen. Die Klosterfrauen [Chorfrauen] selbst hatten sich hingegen in ihren Freistunden bloß mit Sticken oder mit Verfertigung von Blumen unterhalten. Diese sitzende, mit gar keiner Bewegung in freier Luft oder mit sonst einer körperlichen Anstrengung verbundene Lebensweise, mit welcher überdies ein reichlicher Genuß von nahrhaften Speisen verbunden war, und besonders der schwere Kampf des Naturtriebs mit religiösen Ansichten und Gefühlen, hatten auf die Gesundheit mehrerer jungen Klosterfrauen höchst nachteilig eingewirkt. Ich hatte einige gesehen, welche in der Blüte ihrer Jahre dahin welkten, während sie wahrscheinlich in der Ehe ihre Gesundheit erhalten und die Pflichten als Gattin und Mutter gewiß eben so treu erfüllt hätten, als sie treu den Gelübden geblieben waren, die ihnen die Kirche auferlegt und sie übernommen hatten.«

Meist entschieden die Frauenkonvente gemeinschaftlich und einstimmig, wie sie ihr weiteres Leben führen wollten. Am liebsten blieben sie, wenn es möglich war, als Konvent im Kloster zusammen, auch wenn ihr Leben künftig von außen reguliert wurde. Novizinnen durften sie nicht mehr aufnehmen, was zum langsamen Absterben der Klostergemeinschaften führte. Und wenn die Schwestern im Alter pflegebedürftig wurden, verteilte man sie auf andere Klöster oder schickte sie zu Verwandten, die sie kaum kannten, in eine Heimat, an die sie sich kaum noch erinnerten. Den Schwestern, die sich mit einer Abfindung oder als Pensionärinnen zu einem Leben »in der Welt« entschlossen, erlaubte man, in Privatwohnungen zu ziehen. Sie mieteten sich oft zu mehreren in der Nähe ihres Klosterstandorts ein und teilten miteinander, was sie hatten, so wie einst die Beginen.

Am liebsten hätten es die Aufhebungskommissäre gesehen, wenn sich die Schwestern als Lehrerinnen nützlich gemacht und sogenannte Industrieschulen gegründet hätten, um jungen Mädchen das Nähen, Sticken, Häkeln und Flicken beizubringen. Doch die weitaus meisten Nonnen, die sich an ein abgeschiedenes Leben in der Klausur gewöhnt hatten, waren oder fühlten sich dazu nicht in der Lage. Doch es gab Ausnahmen. Etwa in der Zisterzienserinnen-Abtei Rottenmünster. Auf die Aufforderung, »ob nicht eine oder die andere hie zu taugliche Nonne Lust hätte, irgendwo eine Mädchen-Schule zu übernehmen«, meldete sich als Einzige die damals 44 Jahre alte Hedwig Rochlitzer. Das Konstanzer Ordinariat zögerte, sie von ihren Gelübden loszusprechen, und gab zu bedenken, ob »daselbst [im Kloster] nicht ein weibliches Erziehungs-Institut eingeführt werden könnte«. Der zuständige Schulkommissär meinte, dass Lage und Baulichkeiten des Klosters durchaus dafür geeignet seien, aber die Nonnen nicht. Einigen bescheinigte er zwar »eine natürliche Gutmütigkeit und vielleicht sogar Empfänglichkeit für das Wahre und Gute«, aber durch ihren Beichtvater seien sie sehr dem alten, »kommoden Mönchsgeist« verhaftet. Erst müsse der Beichtvater »beseitiget werden«, ehe man an eine Verbesserung denken könne. »An geschickten Subjekten für die Stickerei und Näherei und andere weibliche Arbeiten fehlt es nicht. – Aber Klosterfrauen sind und werden keine Lehrerinnen für Industrieschulen.« Im Falle von Hedwig Rochlitzer sollte er sich irren. Mit der Entpflichtung von den täglichen Chorgebeten, »weil sie die Zeit nützlicher gestalten sollte«, und der Auflage, ehrbare weltliche Kleidung zu tragen und statt des lateinischen ein deutsches Brevier zu verwenden, »sofern ihre Berufsgeschäfte dadurch keinen Abbruch leiden«, verließ sie das Kloster und ging in den Schuldienst.

Einige wenige Frauenklöster überlebten nicht nur die josephinische Klosteraufhebung, sondern auch die Säkularisation von 1803, so das Bickenkloster in Villingen, wo Juliane Ernst und ihre Mitschwestern einst Kriegsgefahren und Not ins Auge

geblickt hatten. In Villingen betrieben die Dominikanerinnen der sogenannten Vettersammlung in beengten Räumlichkeiten eine Mädchenschule. Die Klarissen im Bickenkloster, wo das Aufhebungsverfahren bereits in vollem Gange war, hatten Platz. Der Villinger Rat setzte sich für den Fortbestand der beiden Klöster ein. Die Ordensfrauen baten den Kaiser, ihre Konvente vereinigen zu dürfen, was ihnen dieser auch gewährte. Allerdings zu Bedingungen, die für die Schwestern mit einem Opfer verbunden waren. Sie mussten nämlich ihre ursprüngliche Ordenszugehörigkeit und damit auch das Leben in Klausur aufgeben und sich der »Gesellschaft der heiligen Ursula« anschließen, die sich der Mädchenbildung und -erziehung verschrieben hatte. Dass dieser Lehrorden eine dem Gemeinwohl dienliche Tätigkeit vorweisen konnte, hatte ihn vor der Aufhebung bewahrt. Die Villinger Klarissen und Dominikanerinnen entschlossen sich, die Regeln der Ursulinen anzunehmen. Die Dominikanerinnen zogen in das geräumigere Bickenkloster um. Das Ursulinenkloster in Freiburg, das schon seit 1695 Mädchenunterricht erteilte, ordnete zwei erfahrene Schulschwestern ins neu gegründete Lehr- und

Erziehungsinstitut »Sankt Ursula« nach Villingen ab, das bis 1990 in der Trägerschaft des Ordens verblieb. Das Kloster selbst bestand bis 2015.

Um die Mitte des 19. Jahrhunderts, also etwa zu gleicher Zeit, als in den »Absterbeklöstern« die letzten Schwestern hochbetagt ihr Dasein fristeten, regte sich im Ordenswesen wieder neues Leben. Es entstanden zahlreiche Gemeinschaften, die sich als »Kongregation« bezeichneten und im kirchenrechtlichen Sinn keine eigentlichen Orden darstellten. (Der Unterschied zu den alten Orden besteht hauptsächlich darin, dass Armut, Keuschheit und Gehorsam nicht in einem feierlichen Akt gelobt werden, sondern dass die Angehörigen der Gemeinschaft sich nur durch einfache Gelübde – gleichen Inhalts – binden, die von der Gemeinschaft ohne kirchenrechtliches Verfahren wieder gelöst werden können.) Sie gaben sich Namen wie die »Barmherzigen Schwestern vom Heiligen Kreuz«, die »Armen Schulschwestern von Unserer Lieben Frau« oder die »Barmherzigen Schwestern vom Dritten Orden des Heiligen Franziskus« und breiteten sich, ausgehend von ihren Mutterhäusern, sehr schnell aus.

Doch nicht nur die Form der religiösen Gemeinschaften änderte sich, sondern auch ihre Ausrichtung. Auf die beschaulichen Frauenkonvente der Vergangenheit folgten die neuen Kongregationen, die sich sozial-karitativ engagierten und die Klausur aufgaben. Sie kümmerten sich um Arme, pflegten Kranke, Alte, geistig Behinderte, betrieben Waisenhäuser und Kinderheime, betreuten Jugendliche, etablierten Schulen und Internate und reagierten damit auf die sozialen und wirtschaftlichen Umwälzungen im Zuge der industriellen Revolution. Der Zustrom zu den neuen Gemeinschaften war so stark, dass Kirchenhistoriker von einem »Ordensfrühling« sprechen. Als Krankenpflegerinnen, Lehrerinnen, Erzieherinnen und Sozialfürsorgerinnen übten die Schwestern nun Berufe aus, zu einer Zeit, als die bürgerliche Gesellschaft Berufstätigkeit für Frauen noch nicht vorgesehen hatte. Aber das ist eine andere Geschichte.

Literatur

Die im Text verwendeten Zitate stammen aus den genannten Werken und wurden im Interesse der Lesbarkeit behutsam dem heutigen Sprachgebrauch angepasst.

Kleine Frauen-Klöster-Geschichte

Ahnert, Sven: »Gott im Kopf. Die Neurobiologie spiritueller Erfahrungen«. Radio-Feature, SWR 2, 13.5.2016.

Bäurle, Margret/Braun, Luzia: »Ich bin heiser in der Kehle meiner Keuschheit«. Über das Schreiben der Mystikerinnen«. In: Gnüg, Hiltrud/Möhrmann, Renate (Hrsg.): Frauen Literatur Geschichte. Stuttgart 1985.

Brunner, Michael/Kaffanke, Jakobus/Vogel, Claudia (Hrsg.): Mystik am Bodensee. Vom Mittelalter bis zur Moderne. Überlingen 2015.

Buttinger, Sabine: Hinter Klostermauern. Alltag im mittelalterlichen Kloster. Darmstadt 2007.

Buttinger, Sabine: Mit Kreuz und Kutte. Die Geschichte der christlichen Orden. Darmstadt 2007.

Dinzelbacher, Peter: Körper und Frömmigkeit in der mittelalterlichen Mentalitätsgeschichte. Paderborn 2007.

Dinzelbacher, Peter/Bauer, Dieter R. (Hrsg.): Frauenmystik im Mittelalter. Ostfildern 1985.

Dinzelbacher, Peter/Bauer, Dieter R. (Hrsg.): Religiöse Frauenbewegung und mystische Frömmigkeit im Mittelalter. Wien 1988.

Fiscal, Werner: Heinrich Seuse – der Mystiker vom Bodensee. In: Christmann, Helmut (Hrsg.): Schwäbische Lebensläufe, Bd. 10. Heidenheim an der Brenz 1971.

Keuler, Dorothea: »Der Flug der Seele«. Schulfunk-Sendereihe »Rausch und Exzess«, S 2 Kultur, 24.11.1995.

Kobelt-Groch, Marion: Aufsässige Töchter Gottes. Frauen im Bauernkrieg und in der Täuferbewegung. Frankfurt am Main 1993.

Krone und Schleier. Kunst aus mittelalterlichen Frauenklöstern. Ruhrlandmuseum: die frühen Klöster und Stifte, 500–1200. München 2005.

Landesarchiv Baden-Württemberg: »Klöster in Baden-Württemberg«, www.kloester-bw.de.

Muschiol, Gisela: »Die Gleichheit und die Differenz. Klösterliche Lebensformen für Frauen im Hoch- und im Spätmittelalter«. In: Zimmermann, Wolfgang/Priesching, Nicole (Hrsg.): Württembergisches Klosterbuch: Klöster, Stifte und Ordensgemeinschaften von den Anfängen bis in die Gegenwart. Ostfildern 2003, S. 66–77.

Quarthal, Franz: »Südwestdeutschland als Klosterlandschaft«. In: Himmelein, Volker/Rudolf, Hans Ulrich (Hrsg.): Alte Klöster – Neue Herren. Die Säkularisation im deutschen Südwesten 1803. Bd. 2.1. Ostfildern 2003. S. 41–64.

Reblin, Klaus: Franziskus von Assisi, der rebellische Bruder. Göttingen 2006.

Röckelein, Hedwig: »Religiöse Frauengemeinschaften des frühen Mittelalters im alemannischen Raum«. In: Rottenburger Jahrbuch für Kirchengeschichte, 27/2008. Rottenburg am Neckar 2008. S. 27–49.

Rückert, Maria Magdalena: »Regulierung und Differenzierung. Die ›weibliche‹ Klosterlandschaft im deutschen Südwesten im Hochmittelalter«. In: Rottenburger Jahrbuch für Kirchengeschichte 27/2008. Rottenburg am Neckar 2008. S. 51–70.

Rückert, Maria Magdalena: »›Hell wie der Morgenstern inmitten des Nebels‹. Zisterzienserinnen verändern die Klosterlandschaft im Südwesten«. In: Momente 2/2007. Stuttgart 2007. S. 2–7.

Unger, Helga: Die Beginen. Eine Geschichte von Aufbruch und Unterdrückung der Frauen. Freiburg 2005.

Vogt-Lüerssen, Maike: Der Alltag im Mittelalter. Mainz 2001.

Wilts, Andreas: Beginen im Bodenseeraum. Sigmaringen 1994.

Zimmermann, Wolfgang/Priesching, Nicole (Hrsg.): Württembergisches Klosterbuch: Klöster, Stifte und Ordensgemeinschaften von den Anfängen bis in die Gegenwart. Ostfildern 2003.

Gertrud von Ortenberg

Backes, Martina: »Eine Stadt voll der Gnaden. Straßburg aus der Perspektive Gertruds von Ortenberg«. In: Stephen Mossman et al. (Hrsg.): Schreiben und Lesen in der Stadt: Literaturbetrieb im spätmittelalterlichen Straßburg. Berlin 2012. S. 29–38.

Derkits, Hans: »Die Vita der Gertrud von Ortenberg. Historische Aspekte eines Gnaden-Lebens«. In: Die Ortenau 71. Offenburg 1991. S. 77–125.

Dinzelbacher, Peter: Deutsche und niederländische Mystik des Mittelalters. Berlin 2012.

Gertrud von Ortenberg: http://de.wikipedia.org/wiki/Gertrud_von_Ortenberg; 18.4.2016.

Hillenbrand, Eugen: »Adlige, Begine, Bettlerin. Gertrud von Ortenberg in der Nachfolge Elisabeths von Thüringen«. In: Freiburger Diözesan-Archiv 133. Freiburg im Breisgau 2013. S. 85–110.

Hillenbrand, Eugen: »Gertrud von Ortenberg – eine vergessene Heilige«. In: Die Ortenau 91. Offenburg 2011. S. 279–296.

Hillenbrand, Eugen: »Heiligenleben und Alltag: Offenburger Stadtgeschichte im Spiegel eines spätmittelalterlichen Beginenlebens«. In: Die Ortenau 90. Offenburg 2010. S. 157–176.

Mulder-Bakker, Anneke B.: »Fromme Frauen in Straßburg und Meister Eckhart: Gertrud von Ortenberg und Heilke von Staufenberg«. In: Meister-Eckhart-Jahrbuch 8/2014. Stuttgart 2014. S. 55–74.

Schmitt, Sigrid: »Verfolgung, Schutz und Vereinnahmung. Die Straßburger Beginen im 14. Jahrhundert«. In: Rottenburger Jahrbuch für Kirchengeschichte 27/2008. Ostfildern 2009. S. 111–136.

Unger, Helga: Die Beginen. Eine Geschichte von Aufbruch und Unterdrückung der Frauen. Freiburg im Breisgau 2005.

Voigt, Jörg: Beginen im Spätmittelalter. Frauenfrömmigkeit in Thüringen und im Reich. Köln 2012.

Weinmann, Ute: Mittelalterliche Frauenbewegungen. Ihre Beziehungen zur Orthodoxie und Häresie. Pfaffenweiler 1990.

Margareta Ebner

Buttinger, Sabine: Mit Kreuz und Kutte. Die Geschichte der christlichen Orden. Darmstadt 2007.

Der seligen Margareta Ebner Offenbarungen und Briefe. Übertragen von P. Hieronymus Wilms. In: Dominikanisches Geistesleben, Bd. 5. Vechta 1928.

Die Offenbarungen der Margaretha Ebner und der Adelheid Langmann. In das Neuhochdeutsche übertragen von Josef Prestel. Weimar 1939.

Dinzelbacher, Peter: Körper und Frömmigkeit in der mittelalterlichen Mentalitätsgeschichte. Paderborn 2007.

Peters, Ursula: Religiöse Erfahrung als literarisches Faktum. Zur Vorgeschichte und Genese frauenmystischer Texte des 13. und 14. Jahrhunderts. Tübingen 1988.

Philipp Strauch (Hrsg.): Margaretha Ebner und Heinrich von Nördlingen. Ein Beitrag zur Geschichte der deutschen Mystik, Freiburg im Breisgau 1882.

Weitlauff, Manfred: »›dein got redender munt machet mich redenlosz …‹ – Margareta Ebner und Heinrich von Nördlingen«. In: Religiöse Frauenbewegung und mystische Frömmigkeit im Mittelalter. Köln 1988.

Elsbeth Achler

Bihlmeyer, Karl: »Die schwäbische Mystikerin Elsbeth Achler von Reute und die Überlieferung ihrer Vita«. In: Festgabe Philipp Strauch. Halle (Saale) 1932. S. 88–109.

Borst, Arno: Mönche am Bodensee. Lengwil-Oberhofen 2010.

Ditzelbacher, Peter: Heilige oder Hexen. Schicksale auffälliger Frauen. Düsseldorf 2001.

Pulz, Waltraud: Nüchternes Kalkül – Verzehrende Leidenschaft. Nahrungsabstinenz im 16. Jahrhundert. Köln 2007.

Raimund von Capua: 33 Jahre für Christus: die Legenda maior. Das Leben der hl. Caterina von Siena. Kleinhain 2006.

Tüchle, Hermann: Elisabeth Achler, die Gute Beth. Bad Waldsee 1984.

Williams-Krapp, Werner: »Frauenmystik und Ordensreform im 15. Jahrhundert«. In: Joachim Heinzle (Hrsg): Literarische Interessenbildung im Mittelalter. Stuttgart 1993.

Wilts, Andreas: Beginen im Bodenseeraum. Sigmaringen 1997.

Magdalena Kremer

Ecker, Ulrich P.: Die Geschichte des Klosters St. Johannes Baptista der Dominikanerinnen zu Kirchheim unter Teck. Freiburg im Breisgau 1985.

Hamburger, Jeffrey F.: »Madgalena Kremerin, Schreiberin und Malerin im Dominikanerinnenkloster St. Johannes des Täufers in Kirchheim unter Teck«. In: Hirbodian, Sigrid/Kurz, Petra (Hrsg.): Die Chronik der Magdalena Kremerin im interdisziplinären Dialog. Ostfildern 2016. S. 162–182.

Hirbodian, Sigrid/Kurz, Petra (Hrsg.): Die Chronik der Magdalena Kremerin im interdisziplinären Dialog. Ostfildern 2016.

Handschuh, Stefanie: Kirchheim – Chronik einer Reform. Wissenschaftliche Arbeit, Univ. Tübingen, WS 2010/11. Tübingen 2010.

Neidhardt, Stefanie Monika: »Die Kirchheimer Chronik der Magdalena Kremerin«. In: Rottenburger Jahrbuch für Kirchengeschichte, 32/2013. Rottenburg am Neckar 2013. S. 293–309.

Neidhardt, Stefanie Monika: »Die Reise der Dominikanerinnen von Silo nach Kirchheim unter Teck 1478 im Kontext der spätmittelalterlichen Klosterreform«. In: Zeitschrift für Württembergische Landesgeschichte, 72/2013. Stuttgart 2013. S. 105–125.

Neidinger, Bernhard: »Standesgemäßes Leben oder frommes Gebet? Die Haltung der weltlichen Gewalt zur Reform von Frauenklöstern im 15. Jahrhundert«. In: Rottenburger Jahrbuch für Kirchengeschichte, 22/2003. Rottenburg am Neckar 2003. S. 201–220.

Sattler, Christian Friedrich (Hrsg.): »Wie diß loblich closter zu Sant Johannes bapten zu Kirchen under deck predigerordens reformiert ist worden und durch wölich personen«. In: Ders.: Geschichte des Herzogthums Würtenberg unter der Regierung der Graven, Bd. 5, Beilage 42. Ulm 1768. S. 173–280.

Steinke, Barbara: Paradiesgarten oder Gefängnis. Das Nürnberger Katharinenkloster zwischen Klosterreform und Reformation. Spätmittelalter und Reformation. Neue Reihe. Tübingen 2006.

Uffmann, Heike: Wie in einem Rosengarten. Monastische Reformen des späten Mittelalters in den Vorstellungen von Klosterfrauen. Bielefeld 2008.

Eva Magdalena Neyler

Giefel, [Josef Anton]: »Kloster Kirchberg im 16. Jahrhundert«. In: Württembergische Vierteljahrshefte für Landesgeschichte, N. F. 2/1893. Stuttgart 1893. S. 217–221.

Klek, Adolf: »ain wild ding damals zu Kirchperg«. Krisen- und Krimizeit im Frauenkloster 1470–1570. Hrsg. von Berneuchener Haus Kloster Kirchberg. Sulz 2014.

Krauß, Rudolf: »Geschichte des Dominikaner-Frauenklosters Kirchberg«. In: Württembergische Vierteljahrshefte für Landesgeschichte, N. F. 3/1894. Stuttgart 1894. S. 291–332.

Pätzold, Stefan: Kleine Geschichte der Stadt Pforzheim. Leinfelden-Echterdingen 2007.

Pfrommer, Gerda (Hrsg.): Keine Nonne für Luther. Die Reformationschronik der Eva Magdalena Neyler. Pforzheim 1986.

Rieder, Karl: »Die Reformationsgeschichte des Dominikanerinnenklosters zu Pforzheim«. In: Freiburger Diözesan-Archiv, N. F. 18/1917. Freiburg im Breisgau 1917. S. 311–366.

Katharina von Spaur

Deutschmann, Gerhard: »Ein Mordplan gegen Wallenstein«. In: Hohenzollerische Heimat, 44/1994. Sigmaringen 1994. S. 7–8.

Deutschmann, Gerhard: »Katharina, Fürstäbtissin von Buchau a. F. und weitere Spaur'sche Ordensfrauen«. In: Hohenzollerische Heimat, 60/2010. Sigmaringen 2010. S. 25–30.

Kretzdorn, Siegfried: »Ungewöhnlicher Brief der Buchauer Fürstäbtissin«. In: Heimatkundliche Blätter für den Kreis Biberach, 3/1980. Biberach an der Riß 1980. S. 20–23.

Mayr-Adlwang, M.: »Ein Vorschlag zur Ermordung Wallensteins vom Jahre 1628«. In: Mitteilungen des Instituts für österreichische Geschichtsforschung, V. Ergänzungsband, 1. Heft. Innsbruck 1896. S. 164–172.

Schiersner, Dietmar/Trugenberger, Volker/Zimmermann, Wolfgang (Hrsg.): Adelige Damenstifte Oberschwabens in der Frühen Neuzeit. Selbstverständnis, Spielräume, Alltag. Stuttgart 2011.

Schöttle, Johann Evangelist: Geschichte von Stadt und Stift Buchau samt dem stiftischen Dorfe Kappel. Waldsee 1884.

Theil, Bernhard: »Das Damenstift als adlige Lebensform der Frühen Neuzeit. Beobachtungen am Beispiel des Stifts Buchau am Federsee«. In: Adel im Wandel, Bd. 2. Ostfildern 2006. S. 529–544.

Theil, Bernhard: Das (freiweltliche) Damenstift Buchau am Federsee. Germania Sacra, Neue Folge 32. Göttingen 1994.

Theil, Bernhard: »Das Damenstift Buchau am Federsee zwischen Kirche und Reich im 17. und 18. Jahrhundert«. In: Blätter für deutsche Landesgeschichte 125/1989. München 1989. S. 189–210.

Juliane Ernst

Boewe-Koob, Edith: »Das Kloster Sankt Clara am Bickentor zu Villingen«. In: Villingen und Schwenningen: Geschichte und Kultur. Villingen-Schwenningen 1998. S. 171–194.

Boewe-Koob, Edith: »Juliane Ernstin: Äbtissin des Klosters St. Klara in Villingen von 1655–1665. In: Blätter zur Geschichte der Stadt Villingen-Schwenningen 2/2001. Villingen-Schwenningen 2001.

Ernstin, Juliana: »Eine Chronik aus dem 30-jährigen Krieg«. http://wiki.ghv-villingen.de/?p=1810; 22.4.2016.

Glatz, Karl J.: »Ein gleichzeitiger Bericht über das Wirtembergische Kriegsvolk vor der östreichischen Stadt Villingen vom Jahre 1631–1633.« In: Württembergische Vierteljahrshefte für Landesgeschichte 1/1878. S. 129–137.

Loes, Gabriele: »Villingen. Klarissen«. In: Alemania Franciscana Antiqua, Bd. 3. Ulm 1957. S. 45–76.

Preiser, Hermann: »Die Wasserbelagerung im Jahre 1634«. http://wiki.ghv-villingen.de/?paged=4&author=1; 22.4.2016.

Revellio, Paul: Beiträge zur Geschichte der Stadt Villingen. Villingen 1964.

Woodford, Charlotte: Nuns as Historians in Early Modern Germany. Oxford 2002.

Maria Monika Hafner

Kraus, Johann Adam: »Licht und Schatten im Kloster Inzigkofen 1756. Kulturgeschichtliches aus einem Frauenkonvent«. In: Hohenzollerische Jahreshefte 23/1963. Sigmaringen 1963. S. 131–159.

Kuhn-Rehfus, Maren: »Zur Geschichte des Chorfrauenstifts Inzigkofen«. In: Hohenzollerische Heimat 32/1982, Nr. 4. Sigmaringen 1982. S. 49–53.

Weber, Edwin Ernst: »Geistliches Leben und klösterlicher Alltag im Augustinerchorfrauenstift Inzigkofen im 18. Jahrhundert«. In: Zeitschrift für Hohenzollerische Geschichte, Bd. 38/39. Sigmaringen 2002/03. S. 7–51.

Weber, Edwin Ernst: »Krippenbau und Kunsthandwerk im Kloster Inzigkofen«. In: Hohenzollerische Heimat 51/2001. Sigmaringen 2001. S. 1–7.

Weber, Edwin Ernst (Hrsg.): Chronik des Augustinerchorfrauenstifts Inzigkofen. Konstanz 2009.

Maria Anna Beck

Diözesanarchiv Rottenburg, A I 2c Nr. 144–146: »Exzesse im Franziskanerinnenkloster in der Oberen Klause 1866–1772«.

Kern, Franz (Hrsg.): »Das Tagebuch des vorletzten Abtes von St. Märgen im Schwarzwald, Michael Fritz«. In: Freiburger Diözesanarchiv 89/1969. Freiburg im Breisgau 1969. S. 140–309.

Lehner, Ulrich L.: Mönche und Nonnen im Klosterkerker. Ein verdrängtes Kapitel Kirchengeschichte. Kevelaer 2015.

Manz, Dieter: »Die Familie Beck/Prestinari in Rottenburg«. In: Ders.: Rottenburger Miniaturen, Bd. 2. Rottenburg 1995. S. 192–200.

Ströbele, Ute: »›Eine große Remedur?‹. Die Klosteraufhebungen Kaiser Josephs II. in den österreichischen Vorlanden«. In: Himmelein, Volker/Rudolf, Hans Ulrich (Hrsg.): Alte

Klöster – neue Herren. Die Säkularisation im deutschen Südwesten 1803. Bd. 2.1. Ostfildern 2003. S. 99–114.

Ströbele, Ute: »Klösterliche Lebenswelten. Vorderösterreichische Franziskanerinnenkonvente im späten 18. Jahrhundert«. In: Rottenburger Jahrbuch für Kirchengeschichte, 27/2008. Rottenburg am Neckar 2008. S. 153–166.

Ströbele, Ute: Zwischen Kloster und Welt. Die Aufhebung südwestdeutscher Frauenklöster unter Kaiser Joseph II. Köln 2005.

Säkularisation

Boewe-Koob, Edith: »Das Kloster Sankt Clara am Bickentor zu Villingen«. In: Villingen und Schwenningen: Geschichte und Kultur. Villingen-Schwenningen 1998. S. 171–194.

Buttinger, Sabine: Mit Kreuz und Kutte. Die Geschichte der christlichen Orden. Darmstadt 2007.

Dizinger, Carl Friedrich: Denkwürdigkeiten aus meinem Leben und aus meiner Zeit. Tübingen 1833.

Himmelein, Volker/Rudolf, Hans Ulrich (Hrsg.): Alte Klöster – neue Herren. Die Säkularisation im deutschen Südwesten 1803. 3 Bände. Ostfildern 2003.

Klek, Adolf: Nonnen, Ritter, Kommissare in der Klostergeschichte. Kirchberger Blätter. Kirchberg 2011.

Kollmer-von Oheimb-Loup, Gert: »Klöster als Manufakturen und Fabriken. Raumwirtschaftspolitik und industrielle Standortwahl im Säkularisationsprozess Südwestdeutschlands«. In: Himmelein, Volker/Rudolf, Hans Ulrich (Hrsg.): Alte Klöster – neue Herren. Die Säkularisation im deutschen Südwesten 1803. Bd. 2.2. Ostfildern 2003. S. 1379–1394.

Kopf, Paul: »Neubeginn und Entfaltung klösterlichen Lebens in Baden-Württemberg im Spannungsfeld von geistlicher und weltlicher Macht (1803–2003)«. In: Himmelein, Volker/Rudolf, Hans Ulrich (Hrsg.): Alte Klöster – neue Herren. Die

Säkularisation im deutschen Südwesten 1803. Bd. 1. Ostfildern 2003. S. 51–64.

Maegraith, Janine: »›Die Nonnen werden doch auch nicht ewig leben!‹. Der Konvent der Zisterzienserinnen-Reichsabtei Gutenzell nach der Säkularisation«. In: Himmelein, Volker/Rudolf, Hans Ulrich (Hrsg.): Alte Klöster – neue Herren. Die Säkularisation im deutschen Südwesten 1803. Bd. 2.2. Ostfildern 2003. S. 1071–1086.

Maier, Kurt: »›Aber Klosterfrauen sind und werden keine Lehrerinnen …‹ Zur Säkularisation der Reichsabtei Rottenmünster«. In: Himmelein, Volker/Rudolf, Hans Ulrich (Hrsg.): Alte Klöster – neue Herren. Die Säkularisation im deutschen Südwesten 1803. Bd. 2.2. Ostfildern 2003. S. 1063–1070.

Meiwes, Relinde: »Arbeiterinnen des Herrn«. Katholische Frauenkongregationen im 19. Jahrhundert. Frankfurt am Main 2000.

Schreiner, Klaus: »›Gott zur Ehre, dem Vaterland zum Nutzen‹. Geistliche, kulturelle und soziale Lebenswelten der alten Klöster im Zeitalter der Aufklärung und der Säkularisation«. In: Himmelein, Volker/Rudolf, Hans Ulrich (Hrsg.): Alte Klöster – neue Herren«. Die Säkularisation im deutschen Südwesten 1803. Bd. 1. Ostfildern 2003. S. 35–49.

Schule und Kloster St. Ursula in Villingen: www.st-ursula-schulen-villingen.de/kloster-st-ursula; 27.5.2016.

St. Ursula Villingen: www.st-ursula-villingen.de/Geschichte/Wirken_der_Ursulinen/wirken_der_ursulinen.html; 23.5.2016.

Weiss, Otto: »Die Auferstehung der Klöster in Württemberg«. In: Württembergisches Klosterbuch. Klöster, Stifte und Ordensgemeinschaften von den Anfängen bis in die Gegenwart. Ostfildern 2003. S. 139–154.

Bildnachweis

akg-images: Seite 80, 103.
Bernd Brodt: Seite 104.
G. Freihalter: Seite 47, 60/61.
GO69: Seite 72.
Klaus Graf: Seite 148/149.
Katharina Hild: Seite 112.
Kreisarchiv Sigmaringen: Seite 142, 145, 152.
Museum im Kornhaus Bad Waldsee/
    B. Hecht-Lang: Seite 66.
Gottfried Stoppel: Seite 83.
Raimund Waibel: 700 Jahre Klarissenkloster der
    heiligen Cäcilie in Pfullingen: Seite 23.

Alle anderen Abbildungen: Archiv Silberburg-Verlag.

Von Dorothea Keuler

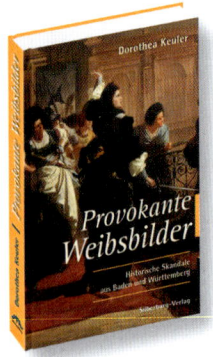

Provokante Weibsbilder

Historische Skandale aus Baden und Württemberg

Dreizehn fesselnde Geschichten über südwest-
deutsche Frauen aus fünf Jahrhunderten, die die
Grenzen ihrer Zeit überschritten. Sie scherten sich
nicht um geschriebene und ungeschriebene Gesetze und erlaubten sich, was eigentlich nur Männer
durften: Sie trugen Hosen oder sogar Waffen, zogen in den Krieg, gründeten eine Bank, machten
Politik und übernahmen die Führung. Sie brachen
Tabus, nahmen sich ihre Freiheit und waren streitbarer und widerborsti-
ger, als es das Rollenverständnis ihrer Zeit vorsah.

*208 Seiten, 74 meist farbige Abbildungen, fester Einband.
ISBN 978-3-8425-1134-7*

Aus der Reihe getanzt

Skandalöse Paare aus Baden und Württemberg

Die Liebe nimmt keine Rücksicht auf Standesgren-
zen, Konvention und Moral. Zu allen Zeiten haben
sich Paare die Erfüllung ihrer Liebe ertrotzt. Es
sind Geschichten wie die von Regina Burckhardt,
die schon zum zweiten Mal schwanger ist, als sie
Karl Bardili heiratet. Der ist als Pfarrer nun nicht
mehr tragbar. Den Theologen David Friedrich
Strauß und die Operndiva Agnese Schebest trennen Welten; allen War-
nungen zum Trotz heiraten sie. Und auch ein Monarch hat das Recht auf
Liebe, findet König Karl. Aber nicht, wenn der König
einen Mann liebt, findet seine Regierung.

*216 Seiten, 80 meist farbige Abbildungen,
fester Einband. ISBN 978-3-8425-1255-9*

Silberburg-Verlag

www.silberburg.de

Gûta · de uermingen Adelheit · de sneiten Mæthilt · de gundelving Adelheit edellu

de eistete Heilwic · de buch Gerdrut · Cunigunt · Margareta · de argentina Gerdrut · de ̃ ad

de truhtehnge Hedewic · de uendenbach Lukart · Rilint · de entringen Adelheit · Willebirc · de g

Bertha · Haxicha · Ita · Juta · de trennelen Rachinza · de Raz Hedew